# 武则天传

赵嘉盟◎编著

中国纺织出版社有限公司

# 内 容 提 要

武则天是中国历史上唯一一位女皇帝，也是中国历史上极具争议的人物之一。她善用权术，从临朝称制到称帝，她一步步实现了自己的帝王梦。尽管人们对她褒贬不一，但她执政年间，社会经济发展较稳，为开元盛世的到来打下了稳固的基础。

本书详细讲述了武则天传奇的一生，主要分为初入宫廷、再次入宫、废王立武、二圣临朝、肃清左右等八章，涵盖了武则天内心转变及其执政期间政治、历史、文化和经济发展的历程。

**图书在版编目（CIP）数据**

武则天传 / 赵嘉盟编著. --北京：中国纺织出版社有限公司，2023.6（2025.3重印）
ISBN 978-7-5229-0470-2

Ⅰ. ①武… Ⅱ. ①赵… Ⅲ. ①武则天（624–705）—传记 Ⅳ. ①K827=421

中国国家版本馆CIP数据核字（2023）第056229号

责任编辑：林 启　　责任校对：高 涵　　责任印制：储志伟

中国纺织出版社有限公司出版发行
地址：北京市朝阳区百子湾东里A407号楼　邮政编码：100124
销售电话：010—67004422　传真：010—87155801
http://www.c-textilep.com
中国纺织出版社天猫旗舰店
官方微博 http://weibo.com/2119887771
德富泰（唐山）印务有限公司印刷　各地新华书店经销
2023年6月第1版　2025年3月第2次印刷
开本：880×1230　1/32　印张：6.75
字数：100千字　定价：49.80元

# 前　言

神龙政变后，武则天人生的最后时光是在空旷冷清的上阳宫度过的。神龙元年，武则天在豪华的“囚笼”中去世，享年八十二岁。从神龙政变后到去世，武则天应是花了大量的时间来回忆这一生。

众所周知，武则天是中国历史上唯一一位真正的女皇，但是她的政治开局并非一帆风顺。虽出身于商贾之家，但随着父亲武士彟的去世，她和母亲杨氏饱受欺辱的生活开始了。正是这一时期的生活，让武则天萌生出“进宫”的念头。进宫很顺利，武则天以才人身份入宫，被赐号“武媚”，作为最初级的内官，她只能照顾唐太宗的生活，却无法取得任何宠幸。于是，武则天把目光转移到太子李治身上。不管是随后的感业寺削发为尼，还是再次入宫，她的命运与高宗的命运交织在一起。他们从夫妻伉俪到政治同盟，扳倒了以长孙无忌为代表的关陇势力，牢牢把控住了皇权。武则天在这一过程中，心思发生了变化。她善用权术，扳倒

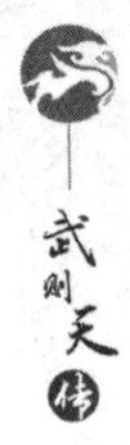



一个又一个反对她的人，开始无限制地抢夺权力，宅心仁厚的高宗也无可奈何。高宗去世后，武则天又开始与亲儿子争权夺利。毫无疑问，她成了最后的赢家，从临朝称制到太后称帝，她一步步实现了自己的帝王梦。然而好景不长，神龙政变后，武则天被迫退位。

武则天的一生，是精于权变的一生。她从一个才人，依靠算计与机遇，一步步走向巅峰。她将无上的权力当成自己的追求，为此不择手段。她的眼光始终专注于王朝兴衰，正如林语堂对她的评价："武则天的期望堂皇而远大，她真正关怀的，唯一觉得有兴味的是大唐帝国。"

从才人到女皇，武则天的功过难以言说，无论是缜密算计的聪明还是不择手段的暴虐，无论是鞠躬尽瘁的统治还是血腥残暴的镇压，武则天在中国的历史上烙下了深深的印记。有人对她恶语相向，有人对她推崇备至。经历繁华，归于空明，一切功过是非，如同她墓前的无字碑，任由他人评说。

赵嘉盟

2023年1月

# 目　录

# 第一章 初入宫廷

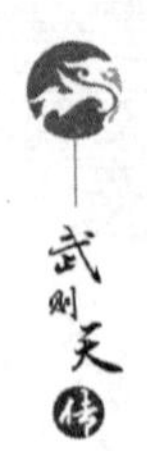



## 富庶之家

隋朝末年，四方群雄称霸，在这乱世之中，有一位民间商人武士彟。他一开始做豆腐生意，后来又经营木材生意，生意不错。受当时士农工商观念的影响，商人的地位一直不高，于是经商的武士彟便想通过达官贵人来改变命运。

隋炀帝大业末年，李渊和李世民有了起兵的想法。李渊在河东时，多次在武家留住，因而与武士彟结识。在起兵之前，李渊父子曾深夜找武士彟谈心，武士彟看准李渊父子将大有作为，就说自己曾经“梦帝骑而上天”。深夜畅谈之后，三人关系更密，这为武士彟后来的仕途奠定了基础。随后，李渊在太原起兵反隋，武士彟倾力资助其钱粮衣物。

隋朝灭亡，李渊成为唐朝的开国皇帝，即唐高祖。武士彟以“元从功臣”身份官至工部尚书、荆州都督，封应国公。李渊还亲自做了媒人，将没落贵族杨达之女杨氏许配给武士彟。这杨氏知书达理，乃贵族之后，武士彟自然是感激

涕零。武士彟与杨氏生育了三个女儿，武则天排名第二。传说有一天，杨氏在湖边走着，忽然从湖中钻出一条金光灿灿的龙，围着杨氏绕了好几圈，之后，杨氏就怀上了武则天，据说这是“神灵感孕”。

武则天在童年时期就显露出异于同龄孩子的聪明才智。她喜欢阅读历史典籍，平日喜欢在房里读书，沉浸其中，两耳不闻窗外事。武士彟和杨氏发现武则天的聪明，便更加耐心地培养她。可以说，生母杨氏是武则天的良师益友，出身贵族的她教导着武则天看书、背书，当武则天有看不懂的地方，杨氏也会耐心讲解。这样长期言传身教之下，武则天变得愈加聪慧。

毋庸置疑，武则天的童年是幸福的，有母亲杨氏的陪伴，每天品尝着读书的快乐，偶尔与母亲谈谈心，日子过得很舒坦。

武则天十二岁时，武士彟去世，武家内部矛盾也开始激化。武则天两个哥哥为了争夺家产仗势欺人，武则天和母亲杨氏的日子变得艰难起来。

## 忧郁童年

贞观九年（635年），武士彟突然离世，对十二岁的武则天心理造成了很大的影响。她感到无限伤感，心中曾依靠的如大山一般的父亲走了，她只能独自面对生活的凄苦，被人肆意欺凌。

武则天平日里总是在家里做一些女红，或者看看书籍打发时光，但每每听到同父异母的哥哥武元庆和武元爽的辱骂，又见母亲在一旁抹泪叹气，武则天不免心酸。过往的幸福与如今的屈辱相比造成的巨大落差也让她感到极其烦闷。那种压抑的情绪淤积在心里，无法排解，她只能逃避眼前的生活，把自己关在书房看书。以前，她看书是为了兴趣，对典籍充满了好奇，但现在只是为了避开眼前生活的窘境。通过看书，武则天平复了一些心情，反而去安抚母亲和姐妹的情绪。她就像个小大人，替代了父亲曾经的位置，过着依然伤感的日子。

武元庆和武元爽经常责骂杨氏母女就是为了侵占父亲的财产。他们还当着杨氏的面谈论武家女儿的婚嫁，希望妹妹们赶紧嫁人。忧郁的童年让武则天过早成熟，她开始考虑自己的人生。面对眼前矛盾重重的家庭，或许只有婚姻才能改变自己的一生，这样的想法在她脑海中愈加清晰。她还把自己的想法告诉母亲，对自己和姐妹的婚姻表达了意见。

正是在这一时期，武则天告诉母亲："我想进宫。"听到女儿这样的想法，杨氏不免担忧。出身于贵族的杨氏非常清楚宫中的复杂环境，女儿年龄小又没遭受过挫折，因此并不同意她进宫。尽管母亲不同意，但武则天并没有就此打消这个念头。她开始花很多时间看书识字，又开始熟悉宫中的规矩。杨氏感觉到武则天的执着，便渐渐默许了她的想法，当然也开始为女儿未知的明天担忧。

就这样，武则天坚持白天黑夜地看书识字，倦了、累了的时候，她常常想象自己置身于金碧辉煌的皇宫，眼前满是罗列的奇珍异宝。清醒之后，她变得更加努力读书，为早日实现愿望而奋斗。

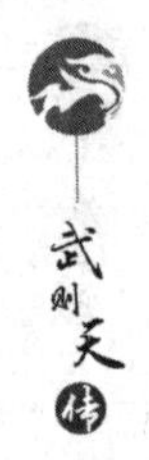



## 青春年华

贞观十一年（637年），十四岁的武则天长得十分标致，有别于普通少女的美丽。普通少女大多长得娇小柔媚，有水汪汪的大眼，樱桃小嘴，皮肤白里透红。但武则天长得不太一样，她额头饱满，鼻子高挺，雍容华贵的气质很快就让她名声在外。

正值长安选秀女，武则天听到这个消息高兴坏了，她马上找母亲杨氏商量。杨氏因为担心宫内尔虞我诈的生活并不适合女儿，所以没有发表意见，武则天只得反复劝说，最终杨氏只能无奈答应让她参加秀女选拔。

很快，武则天就接到入宫的圣旨。面对离别，母亲杨氏泣不成声，武则天说："见天子庸知非福，何儿女悲乎？"武则天最后只看了一眼母亲和姐妹，就坐入轿中离开了。这一路，武则天既兴奋又紧张，她不时悄悄掀开帘子看看外面的热闹，又深思未知的宫廷生活。

这年十一月，武则天终于进宫了，也见到了太宗皇帝。面对有些年长的太宗皇帝，她熟练地行礼。当然，她出色的容貌是藏不住的，在所有秀女中，她的长相最惹人注目，就好像万花丛中最娇艳的那一朵花。太宗见到武则天，也心中一动，遂将她封为五品才人，赐号“武媚”。当时，“武媚娘”是隋朝流行的一首歌名，尽管这只是一个小小的封号，但武则天已经很满足了。

才人是内宫女官的职位之一，属于皇帝嫔妃中的一种。唐沿袭隋朝后宫体制，帝王后宫中除有一名皇后以外，还有众多嫔妃。其中贵妃、淑妃、德妃、贤妃四人，正一品；昭仪、昭容、昭媛、修仪、修容、修媛、充仪、充容、充媛九人，正二品；婕妤九人，正三品；美人九人，正四品；才人九人，正五品；宝林二十七人，正六品；御女二十七人，正七品；采女二十七人，正八品。才人在内宫的地位不过中等偏下，但才人的职责是其他嫔妃所不及的。其他嫔妃只要容貌美丽、性情温柔、贞德贤良就成，而才人还需具备一定的文史知识才能胜任。唐太宗封武则天为“才人”，更大程度上是欣赏她的才智，而非容貌。“才人”的主要职责是记录妃嫔们的饮食起居和蚕桑之事，向皇帝报告她们一年中的收获情况。在皇帝与宠爱的女人入寝时，才人还要替皇帝更

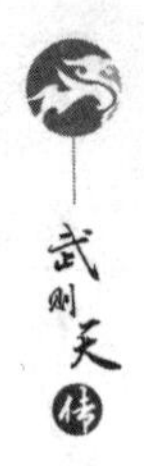

衣，作起居注。才人甚至还要参与皇帝在内廷中接见大臣的公务活动，有时还要充当书记员作记录，代皇帝起草手谕。如此说来，“才人”可以称为皇帝内宫中的“机要秘书”。

武则天被选入宫，赐号“武媚”的消息很快传开了，母亲杨氏在家中却坐立不安。她太清楚一入宫门深似海的艰辛，想起自己以后无法好好照顾女儿，更是泣不成声。

## 宫中冷遇

富丽堂皇的皇宫，正如武媚娘日思夜想的模样。这里财富堆积如山，当她真的身处皇宫中时，她全身心都沉醉了。

可是后宫佳丽三千，武媚娘能见到太宗的机会太少了。无人问津的日子枯燥又无聊，跟想象中的皇宫生活差距甚远。她开始慢慢懈怠，无法静下心读书，整个人变得散漫起来。这时她遇到了一起入宫的才人徐惠，彼此成了好朋友。

徐惠是有名的才女，琴棋书画样样精通，面容姣好，更重要的是她很受太宗皇帝的宠爱。于是，武媚娘便借故接近徐惠，还跟其建立了姐妹情谊。武媚娘从徐惠那里得知太宗喜欢书法、诗书，武媚娘便勤练书法，苦读诗书，练就了一手好字，连徐惠也忍不住大加赞赏。由于徐惠不时在太宗皇帝面前提起武媚娘，因此武媚娘见到太宗的机会又多了一些。但实际上武媚娘确实没有很多机会展现自己，空有一身才学也不得宠。

有一次，武媚娘无意中得知太宗皇帝有一匹神马“狮子骢”。原来，唐太宗非常喜欢骏马，他早些年就是骑马跟随高祖打下江山，对马有着很深的感情。太宗得到狮子骢后，便下令召集文武百官、后宫嫔妃前来观看，武媚娘也在其中，她注意到太宗非常喜欢这匹马。

这时太宗却说：“如今还没有人能驯服这匹狮子骢，实在可惜。”武媚娘一听，心中一动，她想趁机表现自己，马上答道：“我可以驯服。”话音刚落，所有人的目光都移到她身上。太宗问：“你如何驯服？”武媚娘信心满满：“我能制服它，但需要有三件东西，一是铁鞭，二是铁棍，三是匕首。用铁鞭抽打它，不服，则用铁棍敲击它的脑袋，又不服，则用匕首割断它的喉管。”太宗听后不置可否，只是淡淡应付了几句。

这件事以后，太宗皇帝更加疏远武媚娘，把她完全遗忘了。武媚娘受到了冷落，也开始反省自己。从狮子骢事件中可以看出，武媚娘太轻易表露自己的想法，而且性格刚直不屈。比起武媚娘，太宗皇帝更欣赏长孙皇后的智慧和徐惠的贤淑得体。

## 宫中危机

太宗皇帝身边有个术士叫李淳风，据说此人擅长占星，深谙易经八卦，深得太宗喜欢。李淳风告诉太宗皇帝，自己能看到未来皇宫之中有位姓武的人当皇帝，还会改朝换代。太宗听后，心中担忧，便要李淳风指出是谁，没想到李淳风摇头：“此乃天意，不可逆天而行。”太宗皇帝只好自己动手排查。消息一出，宫中所有姓武的人都惶恐不安，武媚娘也陷入焦虑之中。

有一天，太宗皇帝设宴款待众将领，畅饮美酒，想借此机会拉近与将领们的关系。酒过三巡之后，太宗皇帝想活跃一下气氛，就提议在座的武将们说说自己的小名。轮到一名叫李君羡的将领时，他说：“臣小名五娘子。”这话一出，大家哈哈大笑，太宗心中却起了涟漪，马上想到李淳风的预言。于是，宴席之后，太宗找了个理由将李君羡革职，外放为华州刺史。后来，有御史弹劾李君羡与妖人勾结，于是太

宗将其定罪处斩，抄没其全家。

这件事很快在宫里传开了，武媚娘听闻之后也松了一口气。同时她也明白，自己的未来彻底没什么希望了，不会再有什么机会见太宗皇帝了。她开始怀疑自己进宫是否正确，也暗暗嘲笑自己太天真。面对着深宫高墙，武媚娘简直一筹莫展。

## 一生挚爱

有一日退朝，太宗皇帝将心腹大臣长孙无忌、房玄龄等留下，商量立李治为太子的事情。此后太宗每次上朝时，总会让李治在旁学习，或者让李治参与讨论，太宗也多次称赞李治聪慧。

后来，太宗的身体越来越差，每天卧病在床，就连上朝的事情也交由太子李治处理。太子李治性格温顺，十分孝顺，他每日下朝后总会守在父皇身边，与父皇聊聊天，希望可以缓解父皇的病痛。

正值朝廷公务繁忙，李治没有许多时间去服侍太宗皇帝，就由武媚娘负责照顾太宗皇帝的起居。于是，武媚娘与李治相遇了。她总是在病榻的一侧守着太宗皇帝，而下朝后的李治匆匆赶来，远远就能看见武媚娘的身影。武媚娘回眸一笑，六宫便失去了颜色，李治心中一动，脸也红了。

面对李治，武媚娘作了自我介绍，顺势还将太宗一天

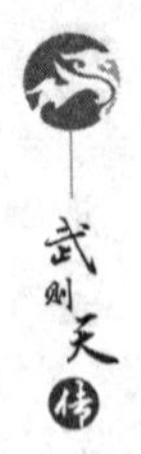

的生活情况清楚地叙述给李治听，这样聪慧的言行让李治颇有好感。此后，武媚娘与李治渐渐变得熟络起来。武媚娘发现，太子李治是一个生性纯良的人，似乎并没有什么心机。而武媚娘比李治年长几岁，她所表现出来的成熟让李治多了几分依赖。在这段时间，两个人经常在太宗病床前相遇，武媚娘会找一些有趣的话题与李治交谈，这让李治发现她的博学多才、聪明机智，他沉陷在武媚娘的个人魅力之中。于是，两个人之间的见面更加频繁。李治每天下朝之后，便会快速赶去见武媚娘，似乎他已经不那么关心父亲的病情了，只是想见到武媚娘，听她讲有趣的事情，看她明媚的笑脸，听到她魅惑的声音。

武媚娘可以清楚地感受到李治对自己的喜爱。于是，她那颗沉寂已久的心又燃起了希望。太宗皇帝即将离去，如何在后面的人生中找到依靠的人，她心中已然清楚。

## 居感业寺

贞观二十三年（649年），李世民驾崩。噩耗传来，武媚娘不知所措。她知道自己和其他没有子嗣的嫔妃都要被送往感业寺剃度出家，这是她无法承受的，但她已经别无选择。

临去感业寺前一晚，武媚娘偷偷见了李治，两人相对，均是泪雨涟涟，彼此依依不舍。武媚娘请求李治不要忘记自己，希望能重新回到宫中。李治看着柔弱的媚娘，不住点头，答应以后肯定找机会接她回宫。

之后，武媚娘跟着其他嫔妃，带着伤感的心情前往感业寺。一路上，许多嫔妃都忍不住捂脸啜泣，武媚娘内心也焦灼不已，但她还是强忍心中不快，时不时看向外面，时不时想起童年，又念起在家的母亲及自己进宫时的豪言壮语，顿时百感交集。

感业寺非常冷清，大门口只有一个尼姑拿着扫帚打扫。嫔妃们正在出神的时候，感业寺的主持和尼姑们已经出来迎接她们，并把她们领了进去。武媚娘一边走着，一边打量着这即将成为她后半生“家”的地方。

武媚娘被尼姑带入自己的房间，她轻轻放下行李，无力地坐下，不住叹气。她觉得内心的焦虑无法排解，她只有不断地想起温婉的母亲，还有已经离世的父亲。

很快，武媚娘又面临着人生的难关——削发为尼。这对她来说难以想象，毕竟身体发肤受之父母，没有满头秀发意味着失去美丽。看着自己的头发掉落在地，坚强无比的她也忍不住垂下泪来。她只有默默闭上眼睛，承受着这一切。削发为尼之后，武媚娘法号明空。

青灯古佛的日子就这样开始了，武媚娘感到十分焦虑，不信命的她常常表现出倔强的样子，这让主持和尼姑们对她颇有些不满。于是，武则天常常会被罚做最脏、最累的活儿。面对这些欺辱，武则天只有忍耐，她总是在夜深人静时想起李治的承诺，相信总有一天自己会回到宫里。

日子一天天过去了，每天晨起礼佛，担水劈柴，打坐念经，武则天慢慢习惯了这样的生活。她又重新拾起书本，默念经书，在这期间还翻译了大量作品。她一边用书本慰藉心灵，一边在心里盘算着，她知道太宗祭日时李治肯定会来感业寺烧香祈福，她想抓住这个机会离开这里。

## 再次相遇

李治在宫中的生活也并不顺遂。虽然封了王皇后，纳了萧淑妃，但王皇后是一个十分矜持又严肃的人，不够风趣，平日里总喜欢刻板地对待别人，经常用三纲五常等教义去教育别人。生性软弱的李治一向有些惧怕严肃的王皇后，他更宠爱娇媚无比的萧淑妃，平日里很少到王皇后那里去。

永徽元年（650年）五月，就在太宗祭日前几天，武媚娘因太过思念皇宫生活而提笔写下一首诗："看朱成碧思纷纷，憔悴支离为忆君。不信比来长下泪，开箱验取石榴裙。"这就是后来有名的《如意娘》。进入感业寺后，武媚娘已经分不清楚朱色和碧色，因伤神而太憔悴，每天都在思念着李治，再也不能穿上石榴裙，再也不能浓妆艳抹，那压在箱底的石榴裙就好像是武则天想回宫中的信念和理想。

在武则天热切的期盼中，太宗的祭日到了。那天，李治

带着文武百官来到感业寺，为太宗皇帝烧香祈福。祭祀场面十分庄重，王公大臣站立有序，李治欠身行礼上香。不远处的武则天紧紧盯着李治，她内心很激动，眼神里充满炙热。怎奈感业寺内外都挤满了人，李治并没有注意到她。武媚娘不想错过这个机会，她鼓起勇气当场喊出了李治的名字。听到声音，李治才看到了武则天。

看到削发为尼的武则天，李治似乎回想起那夜的誓言。武则天先是默默流泪，随后慢慢开始悄声哭泣，这让李治想起曾经美好的一切，他竟也没办法控制自己的情绪，心中百感交集，眼眶也红了。就这样，一个大唐的皇帝，一个先帝的妃子，两人泪眼蒙眬着远远相望，在旁的文武百官看了不禁议论纷纷。武则天不顾在场那么多人，喊了李治的名字，为的就是有朝一日能重回皇宫。

感业寺祭祀之后，关于高宗和武则天的传闻一下子就充斥了整个后宫。在李治回宫之前，王皇后就听说了这个消息，她顿时气急败坏，但又转念一想：何不把武则天接入宫中联手对付萧淑妃呢?

高宗回到宫中，内心有点胆怯，他惧怕听到王皇后仁义礼智这样的教条规劝。始料未及的是，王皇后并未发难，反而主动提出将武则天接入宫中，还表示会善待武则天。王皇后还检讨自己过去不够温柔，以后定会为了夫妻感情而改变性情。高宗不明白王皇后为何转变态度，不过他也无意再猜测，只要能把武则天接回宫中就行。

# 第二章 再次入宫

## 重返宫中

感业寺里，武则天还在心情复杂地等待。祭祀那天当众表演的苦肉戏，有这么多年受尽苦难的真情，也有试探。尽管这样的做法在当时肯定会引起众多非议，但结果无非两个，要么没有下文，要么就是再次回到皇宫。但她心中笃定，李治没有忘记她，一定会想办法让她再次进宫。

永徽二年（651年）五月，李治的孝服期已满，武则天接到进宫的圣旨。虽然这个消息在意料之中，但她还是抑制不住激动的心情。坐在回宫的轿子上，她不时掀起帘子望向外面。街道上越来越热闹，武则天有些紧张，过去的一幕幕往事涌上心头，扰乱她的思绪。

皇宫里，王皇后如往常一样休憩喝茶，对于即将入宫的武则天，她根本没看在眼里，一个不被先帝宠爱的妃子，于她而言根本够不上威胁。王皇后自身有显赫的家世，她出身高门大族的太原王氏。在当时，“五姓七望”是所有世族中

最有威望的，王皇后就属这“五姓七望”之中，而且她身后还有长孙无忌、褚遂良等关陇集团势力。这关陇集团从魏晋南北朝起就兴盛不衰，其中以长孙无忌为核心的势力更是鼎盛兴旺。就在太宗皇帝临终前，他还亲自将李治托付给长孙无忌等人。在如此养尊处优环境下成长的王皇后，压根不把武则天放在眼里，她认为，只需要给武则天安排个位置，那武则天就会对自己感恩戴德。

武则天回宫后参见了高宗和王皇后。武则天跪下对王皇后和高宗表达了感激之情。王皇后扶起武则天，假意安慰几句，在高宗面前展现了自己的温婉大气。王皇后仔细观察武则天，只见武则天头发还很短，却难掩容貌的美丽。王皇后惊讶于武则天的娇媚，却还是不屑于把她放在眼里。此时的武则天也是心有诡计，她只想讨好王皇后，抱住这棵大树，让自己在宫中站稳脚跟。当然，她需要王皇后这张王牌。

武媚娘回到皇宫之后，表面上假意顺从王皇后，又收买其身边的丫鬟，在宫中树立了一个温婉柔顺的婢女形象，借此消除王皇后对自己的敌意。萧淑妃对武媚娘十分不满，屡次挑起事端，武媚娘总是隐忍，王皇后见状对萧淑妃更加不满。就这样，武媚娘借助王皇后和萧淑妃的矛盾稳固了自己的地位。

武媚娘在宫中的口碑越来越好，就连王皇后身边的宫女都能说上几句她的好话，对此，王皇后也时常在李治面前替武媚娘美言几句。而武媚娘对王皇后也是毕恭毕敬，总是诚恳地表达自己的感激之情。面对这样的武媚娘，王皇后选择了暂时相信，心中的戒备有所松懈。在这段时间，武媚娘牢牢抓住了李治的心，同时迎合王皇后，打击了萧淑妃，把每件事都做得天衣无缝。

回宫第二年，武媚娘诞下一名男婴，取名为李弘。李治感到很欢喜，决定给武媚娘一个名分。母凭子贵的传统自古就有，尽管王皇后心中暗暗嫉妒，但又无法挑剔，只好同意李治给武媚娘一个名分。于是，武媚娘从先帝的废妃一下子升为了武昭仪。这昭仪位居九嫔之首，官阶正二品，直逼萧淑妃的正一品。

尽管做了昭仪，武媚娘还是选择低调做人。而王皇后虽贵为皇后，但一直苦于没有子嗣，原本想借武媚娘打压萧淑妃，却没想到被武媚娘讨了便宜，所以，武媚娘的孩子成了王皇后心中的又一个疙瘩。

## 三宫格局

随着武昭仪母子越来越受宠，王皇后对武昭仪的态度也发生了变化。她意识到自己当初的决定是多么糊涂，但悔之晚矣。此时的萧淑妃也已被冷落多时。于是，王皇后改变策略，又开始拉拢萧淑妃。

王皇后主动探望被李治冷落的萧淑妃，两个失落的女人谈起了心。她们有了共同的目标，那就是打倒武昭仪。当然，武昭仪也不是吃素的，她收买的那些婢女把宫中发生的大大小小事情都告诉了她。她知道即将面对王皇后和萧淑妃的联合，自己现在势单力薄，唯有先隐忍才能站得住脚跟。

得知王皇后去见了萧淑妃，次日，武昭仪就毕恭毕敬地去向王皇后行礼，把功劳都让给王皇后，还时不时垂泪以博得怜悯。她的主动示弱让王皇后表面上也不好做什么，但私底下，她加快了与萧淑妃的联合。她们一起在李治面前诋毁武昭仪。萧淑妃毫不掩饰，当着武昭仪的面也是恶语相加。

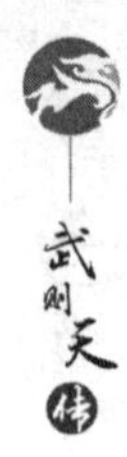

武昭仪表面上尊重王皇后，对萧淑妃却丝毫不客气。她如此有心机的做法，是为了让李治觉得王皇后是心胸狭隘之人，同时也树立了自己爱憎分明的个性，这让李治更加欣赏。当然，李治对萧淑妃更加不待见了。

此时，宫中三足鼎立，分为以王皇后为首的一宫，武昭仪一宫，以及萧淑妃一宫。王皇后的出身背景及朝中的一众拥护使她的地位无法被撼动。武昭仪处于中间位置，比萧淑妃更受宠一些。萧淑妃尽管出身名门望族，但碍于武昭仪在后宫中笼络多数人心，她的势力还是略逊一些。但其实各方势力都不容小觑。武昭仪担心随着王皇后和萧淑妃联合，自己会越来越处于不利的地位，于是，她决定先下手为强。

## 长女之死

永徽五年（654年），武则天产下长女安定公主，李治十分欢喜。武昭仪此时却身心俱疲，她总想扳倒对立的其中一位，巩固自己的位置。

有一天，王皇后探望武昭仪母女，两人假意寒暄几句，武昭仪借故离开。王皇后等了一会儿不见武昭仪回来，心中有些烦躁，这时屋内传出了婴儿的哭声。王皇后循声来到床前，看到了哭泣的小公主。她爱怜地抱起小公主安抚了一阵，婴儿不哭了，王皇后便放下孩子离开了。

不一会儿，武昭仪拉着李治一起去看小公主。武昭仪掀开被子，摸着小公主的脸蛋就大哭了起来。李治连忙问怎么回事，当他手触碰到小公主冰冷的身体时也呆住了，他不敢相信小公主已经死了。武昭仪边哭边大声问："刚刚谁来过这里？"这时武昭仪身边的宫女说："王皇后刚刚来过。"

听到这样的话，李治愤怒不已："皇后竟然杀了我的女儿，她平时看不惯武昭仪，没想到心如此歹毒！”武昭仪默默在旁垂泪，李治内心已经认定凶手就是王皇后，心中有了废王皇后的念头。

小公主的死在后宫引起了轩然大波，王皇后百口莫辩。她虽然曾向李治解释，但李治不听半句话。朝廷大臣长孙无忌和褚遂良也劝皇上理智处理，但李治听不进任何人的话。朝廷内外出现了两种声音，朝廷上支持王皇后的大臣们认为小公主之死是栽赃，后宫那些被武昭仪收买的婢女则认为凶手就是王皇后。这让武昭仪意识到，想扳倒王皇后不是那么容易的，但小公主也不能白白死掉。

武昭仪开始通过李治认识朝廷大臣，她希望用金钱或权力去贿赂他们，培植自己在朝廷上的势力。王皇后则联合大臣散播于武昭仪不利的信息，质疑小公主的死因，这样一来，朝廷大臣更加认定武昭仪是栽赃嫁祸之人。

武昭仪要求与李治一同拜访长孙无忌，希望能笼络长孙无忌站在自己这一边。长孙无忌对二人的到来并不惊讶，并设好酒好菜款待，却不提小公主之死、废后的话题。席间，武昭仪一个劲儿向李治使眼色，李治左右为难，如坐针毡。在武昭仪接连的示意下，李治先是询问长孙无忌家中是否有孩子在朝廷任官，可以给他们提升职位。长孙无忌只是表达感谢之情，却没有回绝。李治又提王皇后没有子嗣及小公主之死。长孙无忌只是说，小公主之死有蹊跷，肯定不是王皇后所杀，就这样绕开了话题。

李治和武昭仪知道长孙无忌的立场，但还是想搏一搏。于是，李治又让手下送来金银财宝，并感谢长孙无忌的大力支持。长孙无忌没有推辞，千恩万谢之后，他收下了，但是依然没有提废后的事情。武昭仪见此心中非常苦恼，但也拿长孙无忌没办法。于是，武昭仪对李治说不如先回宫去，后面再探望国舅。

武昭仪回宫之后，又通过迂回的途径对长孙无忌展开攻势。她找了母亲杨氏前去拜访长孙无忌，但长孙无忌依然是淡然面对，立场丝毫没有改变。武昭仪见长孙无忌冥顽不灵，心中给他狠狠地记上了一笔。

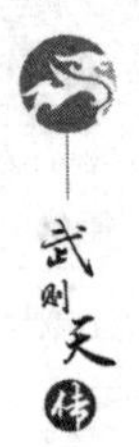

## 宫中风云

经过长孙无忌事件之后，李治顿感自尊受挫，他感到自己的权力受到了威胁。时间长了，李治的内心也发生了变化，废立皇后成为皇权与朝臣权力抗衡的事情。本来，李治与武昭仪只是感情伴侣，如今，他已把武昭仪当作了政治盟友。他开始渐渐排斥以长孙无忌为代表的关陇势力，而把内心天平倾向于武昭仪。

武昭仪开始反思自己的策略，她发现施以小恩小惠只对后宫的婢女有用，对付朝廷重臣还得依靠李治，引得重臣站在自己这一边。既然宫中有利益之争，朝廷之上依然会有，她决定用李治的身份来压制大臣。只要让朝中大臣知道她在皇帝心中的分量，就可以引导一部分人支持自己。武昭仪决定，充分利用皇帝的威信来巩固自己的位置。

就在李治对长孙无忌头疼的时候，武昭仪找准机会吹枕边风，列举了历史上许多被臣子篡位的例子，暗示李治千万

不要令大权落入重臣手里。这种话说多了，李治也深信不疑，武昭仪开始暗示他贬罚关陇势力，杀鸡儆猴。

正在李治犹豫之时，武昭仪又对他说，王皇后与其母亲柳氏合谋“压胜”。压胜是古代的一种巫术，也就是用纸做一个小人，然后在这个小人身上写上某个人的名字和生辰八字，再在上面扎针。于是，王皇后的寝宫遭到搜查，不仅搜到了小人，而且上面还写着皇上的名字。听说这件事后，王皇后感觉天旋地转。她拒不认罪，只能痛哭，但一切都晚了。

王皇后被抓并被关入大牢。这事一出，朝廷内外吵得沸沸扬扬，大多数人指责李治处事不理智，以王皇后的尊贵身份根本不可能做这样的事情。即便有诸多非议，但铁证如山。李治越来越讨厌王皇后，对长孙无忌也表露出不满的情绪。他强烈要求废掉王皇后，改立武昭仪为后。

小公主之死和压胜事件让王皇后没了翻身的机会，她身后的一众大臣及关陇势力也受到了波及。王皇后的舅舅柳奭面对突如其来的变故，主动向李治辞官，逃回老家。褚遂良等人仍然不同意废掉王皇后，而聪明的长孙无忌知大势已去，他保持沉默，不发表任何意见，还总借故不上早朝。以许敬宗、李义府和崔义玄等为代表的文臣以前受长孙无忌的

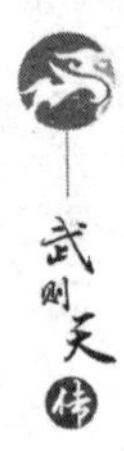

长期压制，郁郁不得志，如今瞅准时机站到长孙无忌的对立面，开始公开支持武昭仪。

于是，朝廷内两股势力开始频繁交锋。以许敬宗、李义府为首的昭仪派不断上书揭露王皇后的“罪行”，以长孙无忌为首的关陇势力也毫不示弱，在朝廷宣扬王皇后的高尚德行，认为其是蒙冤入狱。

面对这样的局面，李治头疼不已。他一方面希望能削弱关陇势力，另一方面又不希望许敬宗等人获得优势。武昭仪也在旁默默观察，她发现废后已经十分困难，如果兼要改立自己为后，阻力会更大。既然如此，那就慢慢来。她劝李治暂时放下立她为皇后的事，先封她为宸妃。原本，宫中只有贵妃、淑妃、德妃、贤妃四个妃位，武昭仪提出“宸妃”的封号，还是为自己登后位做准备。“宸”乃北极星的位置，常用于宫殿、王位。即便暂时不能成为皇后，得到宸妃的封号也起码说明自己是最与众不同的。此举彰显了武则天的野心勃勃。

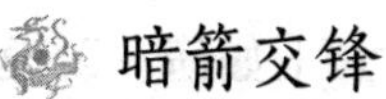

## 暗箭交锋

在野心的驱使下，武则天开始积极行动。她知道关陇势力一直上书抗议自己被册封为“宸妃”的事情，但这次，她决定抗争到底。由于武则天的毫不退让，以及高宗的强硬态度，武则天最终得到了“宸妃”的称号。

自此，武则天变得更加大胆，她开始跟随李治上朝，躲在帘子后面听政，全面了解朝廷的信息，同时让许敬宗、李义府等人上书与韩瑗、褚遂良等人抗争，激怒褚遂良等人，从中找到把柄治对方的罪。

永徽六年（655年），高宗受到武则天的蛊惑，想要废黜王皇后，册立武氏。有一天，他传召长孙无忌、褚遂良、李勣和于志宁入内殿开御前会议。这些人事先得到消息，商议如何劝谏，但谁也不想放这头一炮。褚遂良主动请缨说：“我奉先帝遗诏辅佐陛下，如果不尽愚忠，无颜去见先帝。”

高宗陈述黜后的理由说：“罪莫大于绝嗣，皇后久未生育，而武昭仪生有皇子，朕准备立武昭仪为皇后，众位卿家意下如何？”没等别人开口，褚遂良第一个站出来说：“皇后系出名门，也是先帝为陛下所娶。先帝崩殂之际，曾拉着微臣的手说：‘朕现在将佳儿和佳妇托付给卿。’当时陛下也在场，想必听得很清楚。臣没听说皇后犯了什么过错，岂可轻言废立之事！臣绝不会为了曲意奉承陛下而违背先帝的遗命。”

任凭高宗如何解释，褚遂良就是不同意，当天的会议不欢而散。第二天，高宗再次召集众臣，褚遂良直言不讳：“陛下一定要改立皇后也可以，但请选择贵族姓氏。武昭仪曾经侍奉过先帝，这是人人都知道的事，又怎么能瞒得过呢？倘若立她为皇后，天下人将会作何感想呢？”

这句话说到了高宗的痛处，他羞愧得无法开口。褚遂良却越说越激动：“愚臣触犯了圣上的尊严，罪该万死，只愿不辜负先朝的厚恩，哪里还顾性命。”说完把帽子摘了下来，还把上朝时执的手板放到台阶上，说：“还陛下这个手板，臣要告老还乡！”高宗大怒，命令侍卫把他架出去。一直躲在幕后偷听的武则天气得不得了，大喊道：“怎么不杀了这个老南蛮？”

武则天的怒吼，让朝廷大臣议论纷纷，将废后立武的事情公开化、强硬化。作为当事人，武则天不断为自己争取权力，希望能夺得后位。褚遂良被贬官，流放到潭州任都督。褚遂良一走，朝廷内外局势更加紧张，关陇势力的官员们觉察到皇帝这次要来真的了。

武昭仪派的李义府开始在朝中活动。这李义府才华横溢，心机极深，却一直不得志。由于之前一直与长孙无忌有嫌隙，长年被打压。不巧的是，他又被长孙无忌抓住把柄，要被贬往偏远的壁州当官。李义府十分焦虑，又不知道怎么办，王德俭趁机怂恿李义府去投靠武昭仪。因为说不定武昭仪一说话，皇上就能把他留下来。于是，他向武昭仪和高宗大表忠心，果然被留了下来。武昭仪和李义府结成同盟，李义府还勾结许敬宗等人公开支持武昭仪，很快就成为她的心腹。不仅如此，李义府还游说朝廷里的文武百官，拉拢中间派，借此扩大己方的势力。

# 第三章 废王立武

## 皇后之位

中书舍人李义府率先支持“废王立武”，获得了李治和武则天的重赏，许敬宗、崔义玄和袁公瑜等大臣见机行事，也都转而支持立武则天为后。李治见有不少官员支持，心中再生废立之意。但想要立武则天为皇后，还需要一个人的支持，这个人就是李勣。

李勣是唐初名将，本是降将出身。他曾是李密的部下，在李密归顺唐朝时，李勣主动退让，将功劳全都让给李密。后来李密叛唐被杀，李勣不避嫌疑，披麻戴孝将李密收葬，为自己赢得了好名声。因此李勣获得了唐高祖李渊、唐太宗李世民的高度赞许，不仅获封高官显爵，还受赐姓李以显恩宠。同时，他也是李世民临终托孤的大臣之一。唐太宗李世民在临终前安排了正副两个班底辅佐李治。正职是长孙无忌、褚遂良，副职就是李勣。可以说，李勣在朝中有着举足轻重的作用。

朝廷开始传出废王立武的消息后，李治就注意到李勣对这件事情并不反对，而且每次都选择回避。李治感觉到，李勣并没有站在长孙无忌那一边，那么自己就可以把这位德高望重的功臣拉拢到自己这边。于是，李治找来李勣，询问他对废王立武这件事有什么意见。元老李勣当即表态说："此陛下家事，何必更问外人！"这句话代表李勣不会插手废王立武之事。李勣的回答出人意料，领悟过来的李治大喜。

武则天得知消息后，立即松了一口气。因为当时李勣掌握着朝中的军事权力，假如他反对这件事，就会引起朝廷内政动乱。如今李勣选择中立，那起码武则天不会考虑暴力流血事件，那些文官哪怕喊破喉咙也无济于事。吃了定心丸的武则天和李治放开了手脚，其心腹许敬宗和李义府更是大肆宣扬"此陛下家事，何必更问外人"，又说"立武则天当皇后是人之常情，王皇后已是戴罪之身，不可母仪天下"。再说皇帝可以坐拥后宫佳丽三千，喜欢谁是他自己的事情，立谁为皇后也是他自己的决定，大臣只需要管好社稷的事情就行了。

永徽六年（655年）十月十三日，李治终于颁下诏书，以"阴谋下毒"的罪名，将王皇后和萧淑妃降为庶人，囚于别院；她们的父母、兄弟等也被削爵免官，流放岭南。自此，朝

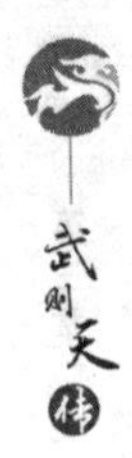



中支持武则天的呼声越来越高，而关陇势力的官员们逐渐被流放各地，反对武则天的力量越来越弱。那些左右摇摆的中间派眼见大势已去，纷纷投奔到支持武则天的队伍，希望可以保住位置。

武则天已经稳步向后位迈进，不过长孙无忌依然在朝中强调武则天的身份不符合传统礼制。面对朝廷内外的异样眼光，武则天不甘心自己的出身被人诟病。于是，她找来许敬宗，希望借许敬宗之笔，写出自己的背景："武氏门著勋庸，地华缨黻，往以才行选入后庭，誉重椒闱，德光兰掖。朕昔在储贰，特荷先慈，常得侍从，弗离朝夕。宫壶之内，恒自饬躬；嫔嫱之间，未尝迕目。圣情鉴悉，每垂赞叹。遂以武氏赐朕，事同政君，可立为皇后。"大意是武媚娘因为出身显贵又有才德被选入后宫，当了唐太宗的侍女，而李治当太子时，都不敢正眼看她，后来唐太宗就把武媚娘赐给了李治。这就和汉宣帝将王政君赐给太子刘奭一样。这封诏书否认了武则天是先帝废妃的说法，也回击了外界对武则天的抨击。

事情既然已经这样了，朝中重臣也没办法。武则天终于坐上了梦寐以求的皇后位置。

## 册封大典

永徽六年（655年）十一月初一，举行了册立武则天为皇后的仪式。这皇后的位置是用阴谋权术换来的，武则天清楚，朝中的文武百官更是清楚，但越是这样，武则天越是要高调册封。既然地位已经至高无上，那就没有什么可顾虑和害怕的了。

武则天的册封仪式十分隆重。她头戴严格定制的玉带头冠，从头到脚都是华贵服饰，在朝中文武百官的注目下，接过李勣呈过来的印玺，然后一步一步走向皇后的宝座。这一路上，她抑制住自己心中的狂喜，感受到激动的心跳声。看着文武百官礼拜自己，武则天笑了。她做到了其他皇后做不到的事，她要向全天下证明，自己是与众不同的。

武后册封之后，对后宫宫女大肆封赏，收买人心。为了彰显自己的身份，她还决定衣锦还乡。从以才人身份入宫到母仪天下，武后熬过了无数个日日夜夜，如此荣耀怎么能

不昭告父老乡亲？武后心情愉悦地踏上了省亲的路，一路上父老乡亲看见武后均三跪九叩。武后心中高兴，对乡里乡亲也是嘘寒问暖，整个场面非常温馨。踏上故土，武后的心情既欢喜又复杂。像童年时期一样，武则天握着母亲杨氏的手聊着过去所受的苦和如今的欢喜，看着被打扫得干干净净的书房，武则天感慨万千。杨氏心中担忧，提醒武则天不能大意，做任何事情都要小心。

夜幕降临，武则天准备了宴请父老乡亲的盛大晚宴。整个场面阔气豪迈，数不尽的山珍海味让家乡的人大开眼界。衣锦还乡之后，武则天兴致勃勃地回了皇宫。但是没过几天，武则天就收到消息，李治偷偷去看望了废后和萧良娣。

原来，李治在宫中偶然闻到一种熟悉的味道，这让他想起了萧良娣。性格温润的他忍不住感叹人生变化无常，不知不觉来到幽禁废后和萧良娣的别院。只见别院冷冷清清，门禁坚固，只留了一个很小的孔来送饮食。李治一下子非常不忍，就向里面喊道："皇后、淑妃，还好吗？你们在哪里？"李治这么喊，可见心中还念着旧情。废后哭着回答说："妾等得罪，废弃为宫婢，何得更有尊称，名为皇后？"说完痛哭流涕，又对李治说："陛下您要是还顾念旧情，让我们能够重见天日，就把这个地方改名为'回心院'

吧。”李治听到如此悲凉的话，忍不住心软落泪，后悔自己当初太过心狠。他马上答应了这一请求：“我马上就会办的。”李治以为，他完全可以按照自己的想法去办这件事，但没想到的是，正是他断送了王、萧二人的性命。

当武则天知道李治去看废后和萧良娣的事情后，心中动了杀机。她想，只有斩草除根，才能断了李治的软弱。武则天下密令将王、萧二人各杖责一百，打得两人鲜血直流，皮开肉绽。武则天还马上去质问李治：“你刚刚废黜了王氏，立我为皇后，大家还都处在观望的状态，现在你就去探望，甚至想要恢复她们的地位，别人会怎么想呢？”武则天的这番话一下子抓住了李治的痛处，李治想起自己之前为了立武则天为后，和长孙无忌、褚遂良等大臣抗争的不易，顿时也觉得自己的行为太鲁莽。于是，他选择听从武则天的话，任武则天处置两人。武则天终于把王、萧这两个眼中钉拔除了。

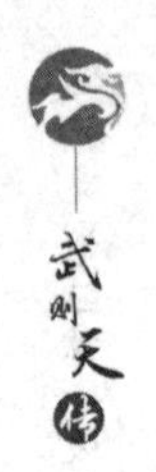



## 韩瑗被贬

经过废王立武的风波之后，武则天明白，要想坐稳后位，需要牢牢握住权力，在朝廷培养自己的势力。王皇后即便是拥有强大的背景也落得如此下场，可见政治斗争必须有坚实的基础。为了培养自己的势力，她加快了动作。

武则天的心腹李义府、许敬宗等人的势力已经逐步发展起来，她开始盯准以长孙无忌为首的关陇势力，持续打击长孙无忌的左右手，企图慢慢歼灭他的整个势力。过了一年，韩瑗上书高宗，希望皇帝能够念及褚遂良曾经立下的功劳，将褚遂良召回朝廷任职。若是褚遂良真的回归朝廷，必然会阻碍武则天势力的发展。韩瑗等人也是十分焦急，非常希望褚遂良能够尽快回到朝廷协助。怀揣着这样的想法，韩瑗在上书时言辞激烈，急于让皇帝认识到自己的问题。正因为这份奏章言辞太过激烈，高宗非常生气，他感觉自己作为皇帝的权威受到了冒犯。高宗对韩瑗说：“遂良之情，朕亦知

之矣。然其悖戾犯上，以此责之，朕岂有过，卿言何若是之深也！”

进言没有被采纳，韩瑗心中顿感悲凉，于是，他主动提出辞官，不过此举没有得到高宗的批准。实际上，褚遂良不仅没能回朝廷，在武则天的操纵之下，已经被贬的他更是再次被贬往更远的桂州。褚遂良再次被贬，李义府却升官为中书令。只要关陇势力受挫，武则天的势力就会提升，对比是非常鲜明的，官员们也看在眼里。李义府升职后几个月，在武则天的授意之下，联和许敬宗上书高宗，称韩瑗与褚遂良密谋不轨之事。就这样，除褚遂良再次被贬到更远的爱州之外，韩瑗也被贬官，关陇势力又失去了一个核心人物。

观朝廷大局的长孙无忌只能明哲保身。他明白如今已是武后的天下，于是整天沉默，不发表任何意见，希望以此自保。长孙无忌深知李治心地善良，只要自己不公开与武后对抗，他是不会对自己痛下杀手的，如此就可以安稳度日了。

除了不断打压大臣，武则天还开始扶持自己的儿子李弘。当时，太子是李忠。这李忠是王皇后过继来的儿子，并非王皇后所生，由于王皇后被废，李忠的位置更是不牢靠。李忠目睹了宫中发生的事情，内心十分胆怯。武则天授意许敬宗等人上书高宗，废黜太子李忠，改立李弘为太子。而李

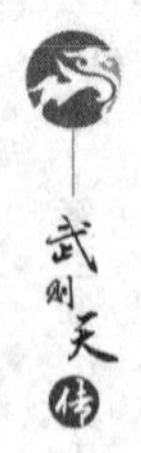

忠为了保住自己的性命，主动提出将太子之位让给李弘。

朝廷文武百官已经见识过武后的权谋术，而且没有任何理由反对废立太子，所以对废立太子之事完全没有意见。此时，武后已是一国之母，李弘又是武后的亲儿子，成为太子是顺理成章的事情。于是，废李忠，改立李弘为太子的事情进展得十分顺利。由于高宗一直宅心仁厚，李忠即便被废黜也并没有被亏待，而是被封为梁王，任梁州刺史。李忠因此保住性命，对父皇和武后表达了无限的感激之情，然后乖乖地去做了梁王。

在封建王朝，母凭子贵的事例比比皆是。李弘当上了太子，就如同武后在皇宫里埋下了希望的种子。只要稳固了太子的位置，就可以稳固皇后的位置，武则天自然喜不自胜。

武则天这边刚刚稳固了后位，李义府却惹了乱子。原来，这李义府背靠武则天这棵大树，行事变得乖张跋扈。刚开始，面对李义府的越矩行为，武则天只装作看不见，毕竟此人还要为自己所用。没想到，李义府很快就惹了大麻烦。这李义府是个好色之徒，他看中了大理寺监狱里的一个少妇，想占为己有，于是他威逼利诱大理寺丞毕正义将少妇放出。这件事被大理寺卿段宝玄知道了，他马上上书高宗皇帝，要求查明此事。李义府害怕事情败露，逼死了毕正义，

认为这样一来就死无对证了。但是，这件事情发酵了很久，闹得朝廷内外都知道了。

关陇势力的官员抓住这件事接连上书，要求高宗将李义府就地正法。武则天想保住李义府的性命，她告诉高宗，此人还有用，不能就这样杀掉。面对两种声音，高宗皇帝十分头疼，最后他也只能听从武则天的话，匆忙找了一个替罪羊，给他安上欺辱大臣的罪名，再将之关入大牢，草草结案。即便李义府确实犯案，但因有武则天插手此事，关陇势力的反击并没有起到什么作用。不过这件事让武则天暗地里担忧，她也明白，必须彻底铲除关陇势力和长孙无忌，才能睡个安稳觉。

## 长孙之死

自武则天当上皇后那一天起，长孙无忌就觉得自己大势已去。他觉得自己斗不过她，便隐忍起来修国史去了。当武则天整顿朝廷时，他作为首席宰相却一声不吭。长孙无忌企图用这种方式转移武则天对他的注意力。不过，他也无心于政治，因为朝政已被李治和武则天完全控制了，他长孙无忌左右朝政的日子，已成了历史。

武则天整顿朝廷的日子，也是长孙无忌潜心修国史的日子。从武则天当上皇后到显庆四年（659年）四月，长孙无忌一共编写了武德、贞观两朝国史八十卷，梁、陈、周、齐、隋五代史志三十卷和显庆新礼一百三十卷。可以说，长孙无忌为我国的历史文化工程做出了杰出的贡献。

武则天是一个有仇必报的人，她绝不会放过长孙无忌。看来，长孙无忌是惹不起她，也躲不起她了。显庆四年（659年）四月，武则天终于找到了机会。但在机会来临之

前，她建议李治对宰相班子进行重组，重组后的宰相班子一共有六位：太尉长孙无忌（仍是首席宰相）、司空李勣、太子太师于志宁、侍中辛茂将、中书令许敬宗和黄门侍郎许圉师。在这六人当中，李勣和许敬宗是武则天的人，于志宁、辛茂将和许圉师则是中立派，而剩下的长孙无忌就完全被孤立了。

显庆四年（659年）四月，有一个叫作李奉节的洛阳人，状告太子洗马（太子政事和文理方面的导师，从五品）韦季方、监察御史李巢私交权贵，有搞朋党之嫌。搞朋党就是意图谋反。案子很快被李治获悉，他命令许敬宗和辛茂将审理此案。许敬宗接手这个案子后，严刑逼迫韦季方供出幕后指使者。这是一起简单的案子，没人指使，韦季方是一个有良知的汉子，他不冤枉别人，但也受不了许敬宗的刑讯逼供。他想一死了之，却自杀未遂。这下，他可帮了许敬宗的大忙，因为许敬宗有文章可做了。许敬宗这样想："既然你背后没人指使，那么你为何要自杀呢？只有畏罪才会自杀啊，这说明你罪大恶极，你背后肯定有人！你是怕我把你背后的人挖出来，才选择自杀的。你背后的人肯定是那个曾经不可一世的长孙无忌，一定是他！"长孙无忌怎么可能勾结一个从五品官员谋反呢？这只是许敬宗的假想，他要构陷长孙无忌，他要为武则天和自己报仇。

在李治废王立武的关键时刻，许敬宗曾跑到长孙无忌的府上，请求长孙无忌劝说反对武则天的韩瑗和来济，却被长孙无忌严词拒绝和羞辱。许敬宗好歹也是礼部尚书，长孙无忌如此待他，他面子上十分不好看，心里自然记恨长孙无忌。因此，他要利用这个机会报复长孙无忌。韦季方百口莫辩，只好任由许敬宗摆布。武则天授意许敬宗伪造一封私信，模仿韦季方的字迹，将勾结朋党和谋反的计划写在信里，声称从韦季方那里搜到了证据。许敬宗就向李治报告：韦季方和李巢谋反案背后确有主谋，主谋就是长孙无忌。

李治听后很吃惊："这怎么可能呢？"但他的语气随即就变了："舅舅被小人离间，对我有所猜忌倒是有可能的，但不可能谋反啊！"李治的这句话，虽然表明了他不相信长孙无忌会谋反，但他相信长孙无忌被小人离间。也就是说，他相信长孙无忌和小人有勾结。这里的小人指的就是韦季方和李巢。如此一来，许敬宗也就成功了一半。他趁热打铁忽悠李治说："这起案子我从头到尾仔细查过了，长孙无忌就是主谋，陛下您可别再疑虑了啊，这对国家没有一点好处！"

李治听了，泪流满面，他悲叹一声："家门不幸啊，我的亲人们老是跟我过不去。以前高阳公主和房遗爱谋反，现在舅舅又谋反，我还有什么脸面见天下人呢？许爱卿，这事如果是真的，该怎么办呢？”

李治完全相信许敬宗的话了。许敬宗进一步陈明这件事的危害：“房遗爱当年是一个乳臭未干的小孩，他和一个女子谋反能成什么事？长孙无忌可不一样啊，他和先帝一起打天下，还当了三十多年的首席宰相，威震天下，众望所归，他要是谋反，陛下您能拿他怎么办？幸亏老天有眼，我通过一件小案就顺藤摸瓜捉住了他这个大奸臣，这实在是国家的福气啊！”

说到这里，他就给李治举了隋炀帝杨广如何被姻亲宇文化及所杀的例子，听得李治冷汗直冒，而他继续催促李治说：“前事不远，望陛下立即下令逮捕长孙无忌！”李治没有同意，他只是命令许敬宗再好好审理一下这个案子。

次日上朝，许敬宗就向李治奏报：“陛下，我昨夜又审了一次韦季方，他承认和长孙无忌谋反，但他们两人是韩瑗挑唆的。韩瑗曾对长孙无忌说：‘当初您和柳奭、褚遂良和于志宁等人合谋立李忠为太子，现在李忠被废了，皇上也开始怀疑你们几位了，您该怎么办啊？’长孙无忌听了这话后心里极度不安，这才和韦季方谋反。现在证据确凿，请陛下

立即下令逮捕他们！”许敬宗不仅构陷了韩瑗，还特意提到了柳奭、褚遂良和于志宁等人，这些人都是前朝旧臣，是长孙无忌的党羽。显然，许敬宗此举是想一举歼灭关陇势力。

听了这话，李治又哭了。他又悲叹一声：“舅舅就是谋反了，我也决不能杀他，否则天下人和后世人，会说我和亲戚不能和睦相处啊！这事就到此为止吧！”

许敬宗再进谏：“汉代时，汉文帝的舅舅薄昭犯了杀人罪，基于国法，汉文帝把他处斩了，所以汉文帝至今都被人称为明主。今天，长孙无忌忘记了先帝对他的大恩大德，也舍弃了陛下您对他的浓浓亲情，却与小人勾结谋反，按律该灭五族啊！庆幸的是，这帮乱臣贼子已被朝廷制服了，陛下您为何不快快决断呢？我听说过‘当断不断，反受其乱’这句话，陛下如果再迟疑，这事恐怕就会节外生枝，到时候悔之晚矣！”

许敬宗的这番话深深地震撼了李治，他终于做出决定，查办长孙无忌。不过他根本没有对长孙无忌进行审问，就下诏免除了他的太尉爵位，将其贬为扬州都督，并流放到黔州（今四川彭水县），但仍令其享受正一品官员待遇。

扳倒了长孙无忌后，许敬宗向李治奏报：“长孙无忌这次谋反，是由韩瑗、柳奭和褚遂良煽动起来的。另外，柳

奭还有毒鸩之罪，于志宁也是长孙无忌的党羽，他们都逃不了干系！”李治听了，不分青红皂白，就把活着的韩瑗和柳奭除名，把于志宁就地免职。死去一年的褚遂良也未幸免于难，他被削掉了死后追封的官爵，他的两个儿子在流放途中被杀。

这年七月，高宗又命令李勣、许敬宗和辛茂将等宰相继续审查长孙无忌谋反案。许敬宗二话不说，就派中书舍人袁公瑜前往黔州。长孙无忌被迫自缢身亡，享年六十二岁。一代名臣、贤臣，大唐凌烟阁二十四功臣之首，两朝首席宰相，就这样屈辱地死了。

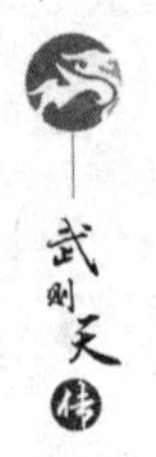



## 订《姓氏录》

唐朝延续隋朝制度，还将科举取士这一发端于隋朝，打击门阀士族的又一办法发扬光大。不但如此，李世民还大力提拔汉族马周、张亮和张行成等寒族为宰相，进一步削弱门阀士族的力量，修《氏族志》，并说："我与山东崔卢李郑并无仇恨，但他们已经衰微，几代没有官宦，凭什么还自称士大夫？以婚姻为名，多要财物；才疏学浅，还自高自大，我不了解世人为何看重他们。我修《氏族志》是为了推崇今朝冠冕，难道你们不看重我给你们的官爵吗？"

意思是不论你是关陇门阀也好，山东贵族也罢，或是寒门庶族，只有当上我的官，才是豪族，维护皇权的意思不言而喻。《氏族志》共二百九十三姓，一千六百五十一家。第一等为皇族，第二等为外戚，第三等中崔卢李郑、王谢袁萧等豪族，不管有无当朝官职，仍名列前茅。毕竟当时门阀士族的影响仍然很深，李世民对士族还有所顾忌。

武则天在扳倒关陇势力后，开始要求重修《氏族志》，原因在于被处死的王皇后出身太原王氏，乃是豪门大族，而她武氏为文水小姓，一直被人诟病。再者，武后的心腹许敬宗、李义府二人均为寒门庶族，《氏族志》也不可能有二人姓氏，重修就可以把这些姓氏纳入其中。曾犯下罪行的李义府主动提出修《氏族志》，希望靠此举戴罪立功。

《氏族志》重修，并改名为《姓氏录》，五品以上官员全部进入，皇后为第一等，许敬宗与李义府因是宰相，名列第二等，而崔卢李郑王谢等一概不论。不过，武则天依旧把李氏家族放在第一位，目的就是昭告李氏家族，武则天与李氏是一家，毫无异心。

在修《姓氏录》时，李治提出，按照目前的权贵进行划分，不需要再看祖辈官居几品，权威多大，而是看现在本人官居几品，这样就会削弱旧有的门阀观念。所有的五品以上官员的新士族，都有机会将自己的出身地位提高，此举因而获得了新兴的士族阶层的拥护。

《姓氏录》还重视军功。唐朝开国以来，皇帝慢慢将重心转移到文化和江山社稷建设方面，对军人提拔稍缓，毕竟边防逐步稳定，战事较少，军人的奖赏也相对较少。《姓氏录》里凡五品以上都可入册，军人也享有一样的待遇。于

是，大量因军功而提拔的将领也跻身《姓氏录》。可以说，通过《姓氏录》，武则天又收买了军人和将领的心，笼络了军事力量。当然，《姓氏录》里彻底抹除了长孙无忌等关陇势力的人员姓氏。自此，关陇势力再也没有机会与武则天抗衡。

宫廷之外，武则天开始树立自己亲民的形象。当时，武后组织了四次亲蚕活动，她亲自率领内外宫女祭祀先蚕，实际上就是带领宫女们喂养桑蚕。武则天希望通过此举提高女性地位。在封建社会，女子地位一直低下，男权才是社会的整体趋势。武则天在成为皇后之后，比较注重整个社会风气的变化，也希望通过一系列措施带动女性劳动，提高女性地位。同时，武则天也深知，想要长久立足，必须安顺内外，让百姓对自己有个好印象，所以祭祀先蚕一共进行了四次，间隔周期不长，政治目的十分明显——希望百姓能记住这个皇后母仪天下的亲民形象。

随后，武则天还找人撰写了一篇《外戚诫》，就是为了显示自己始终忠于李唐王朝。这篇文章的主要内容是强调外戚专权的害处，还列出几大注意事项，告诫外戚做好分内工作。朝廷内外官员向来非常反对外戚干政，同时也担心武则天当皇后之后，外戚会扰乱朝纲。《外戚诫》一出，可以说

是堵住了悠悠众口，又彰显了自己的忠心。文章效果是很好的，暂时消除了官员们对外戚的顾虑，同时也突出了武则天高超的政治手腕。在百官都陷入担忧时，她能及时表明自己的观点，而且非常识时务地表达立场，这为她后来掌控政权打下坚实的基础。

为了突显自己的地位，武则天再次衣锦还乡，而且这次她是跟高宗一起还乡。这次的宴席更豪华，场面更宏大，还增加了一些阅兵的项目，由唐朝开国后成长起来的队伍和内府禁兵组成。此举旨在向父老乡亲和天下百姓展示自己的威严和政治地位。

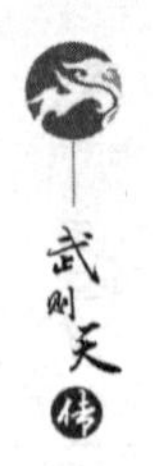


## 姐姐之死

武顺，太原寿阳人，唐朝开国功臣武士彟之女，母为荣国夫人杨氏，是武则天的同母姐姐。武顺初嫁贺兰越石，育有一子贺兰敏之，一女贺兰氏。贺兰越石死后，因武则天在宫中，武顺也经常出入宫中。这武顺面容姣好，姿态妖娆，看起来很有成熟女人的韵味。每次她进宫看望武则天时，都会带着自己的女儿贺兰氏一起入宫。李治见过武顺之后非常喜欢，还封武顺为“韩国夫人”。当然，武则天已是皇后，为韩国夫人和贺兰氏自由进出皇宫提供了方便。

在复杂的皇宫中，韩国夫人和贺兰氏唯一的依靠就是武则天，但由于武则天平日事务繁忙，并没有太多时间陪伴姐姐，这样一来，韩国夫人和贺兰氏就有更多机会接近高宗皇帝。作为姐姐的韩国夫人十分了解武则天的性情，平时每件事都顺从妹妹，而且态度毕恭毕敬，所以武则天对姐姐也没有太加防范。于是，时间长了，韩国夫人与高宗渐生感情。

自从王皇后和萧淑妃被处死之后，宫中的妃子便十分惧怕武则天，而且自此之后，后宫也没有再增加妃子，高宗时常感觉宫中无趣。自从爬上皇后位置之后，武则天的生活重心都在政治上。由于高宗皇帝的信任，武则天也常常放开手脚去处理政务。于是，她就没有太多的时间和精力陪伴高宗。韩国夫人和女儿贺兰氏的到来，让高宗重拾乐趣。这贺兰氏年轻貌美，气质俱佳，平时喜欢跳舞。她起舞时姿态妩媚，惹人喜欢。高宗很喜欢看贺兰氏跳舞，三人经常在后宫谈笑，气氛十分融洽。

韩国夫人经常陪着高宗皇帝在后宫赏花喝茶。眼前有鲜花，身边有美女，高宗感觉非常满足。而且韩国夫人性情温柔体贴，她总是称赞高宗是一个仁慈的皇帝，还满口的敬佩之语，这是高宗在武则天身上感觉不到的温柔。再加上武则天平时没怎么管高宗，高宗皇帝因而有机会经常与韩国夫人在宫中偷情。高宗皇帝不敢向武则天公开关系，而韩国夫人又了解妹妹控制欲极强的性情，所以，两个人只能偷偷维持这样的关系。但凡事都有蛛丝马迹，武则天很快就发现了两人的关系。

有一天，武则天接到密报说韩国夫人晚上侍寝，心中大怒。尽管在这之前，她已经知道两人的关系，但因政务太忙，韩国夫人又是自己的姐姐，她一直在考虑如何处理这件

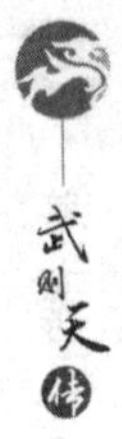


事。后宫的流言蜚语已让她感到这件事非常严重，自己好不容易坐上皇后的宝座，这一切都是依靠高宗，如果高宗不再喜欢自己，她随时会失去权力。于是，她决定前往高宗的寝宫，抓个现行。当她走到高宗寝宫时，特意让手下高声通禀。武则天的突然造访惊动了高宗和韩国夫人，只见屋里的灯亮了，隐约传来慌张穿衣服的声音。武则天破门而入，只见高宗和韩国夫人衣衫不整地坐在床上。高宗不敢直视武则天的眼睛，韩国夫人则吓得低下头垂泪，房间里安静得一根针掉在地上都能听得见。武则天假意责怪自己不该擅闯寝宫，又说了一句安慰韩国夫人的话，对高宗皇帝却一语不发，然后就离开了。

这件事后，武则天好像什么都没发生过一样，一样称呼韩国夫人为姐姐，而在高宗面前也不提这件事。但是韩国夫人经过这么一次惊吓，生了一场大病。即便是这样，高宗皇帝也不敢常常去探望她。

没过多久，武则天去看望韩国夫人，只见姐姐看起来十分憔悴，就连给武则天请安时也小心翼翼。武则天这时附在韩国夫人耳边冷冷地说："若不是念在你是我姐姐的份上，我早就让你死了。"武则天说完这句话之后，当作什么也没发生一样离开了，韩国夫人却吓得半死，最后一命呜呼。

## 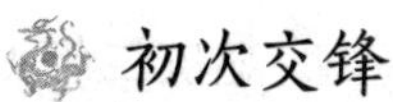 初次交锋

韩国夫人的死让高宗十分难过，也让他觉得自己很无能，没办法保护自己的爱人。为了纪念韩国夫人，他将韩国夫人追封为郑国夫人，赐韩国夫人的女儿贺兰氏为魏国夫人。从这之后，高宗做事更加小心。慢慢地，他愈发觉得自己力不从心，不管是政务还是生活，强势的武则天将他控制得死死的，那种压抑的感觉让高宗身心俱疲。高宗愈发厌烦这种生活状态，想摆脱武则天的大手。但这时武则天已是大权在握，如果想摆脱她，只得想办法削弱她的势力。高宗心中冒出这样的想法，这意味着，高宗和武则天从一开始的政坛伉俪，变成了即将展开对决的政敌。这种微妙的关系转变始于李义府被流放。

武则天被立为皇后后，李义府便被拜为宰相。李义府外表温和恭敬，与人交谈必面带微笑，而内心却偏狭阴毒。既得志，欲人皆顺其意，有微忤其意者，必加倾陷，故当

时之人皆言李义府笑中有刀，又因其柔而害人，亦称之为“李猫”。

显庆二年（657年），唐高宗擢升李义府为中书令、检校御史大夫、太子宾客、河间郡公，还赐予宅第。正所谓“一人得势，全家沾光”，李义府被宠幸，家里人都陆续获得官职。坐上高位后，本来就生性贪婪的李义府联合妻子、儿子及女婿从事买卖官职活动，广结朋党，利用权势暗地里做了很多不法事。

在这之前，杜正伦担任中书侍郎，而李义府在其手下担任门下典仪，后来两人一起担任中书令。杜正伦自以为资历较老，看不起李义府。显庆三年（658年），杜正伦与中书侍郎李友益联合起来对付李义府，结果事情败露，反而被李义府率先告知皇帝。在唐高宗面前，杜正伦与李义府争执不休，各说各的理由，让高宗非常不悦，以“大臣不和”为由，贬李义府为普州刺史，杜正伦为横州刺史，并流放李友益到峰州。

显庆四年（659年），李义府重回朝廷，兼任吏部尚书、同中书门下三品。过去，李义府自称出身赵郡李氏，被当时的给事中李崇德列入族谱。而李义府被贬官崇州后，李崇德将其从族谱上删去。由此，李义府对李崇德怀恨在心。

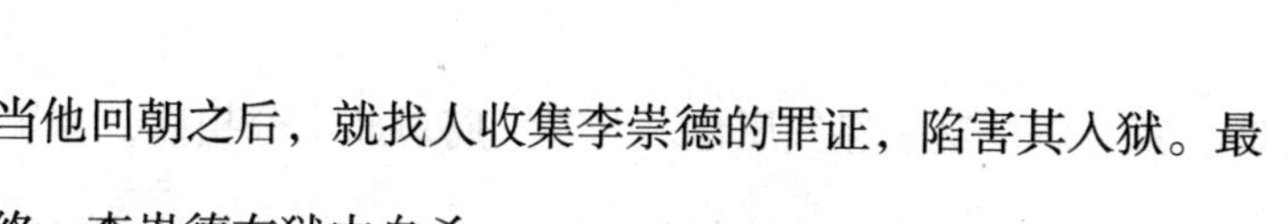

当他回朝之后，就找人收集李崇德的罪证，陷害其入狱。最终，李崇德在狱中自杀。

龙朔二年（662年），唐高宗更改官制，李义府改任司列太常伯、同东西台三品。于是，他奏请高宗，要把自己的祖父改葬到永康陵旁边。得到同意后，他召集了大量的民丁，日夜不停地运土修坟。而满朝官员争相送礼，送葬的队伍更是特别长，非常奢华。

同年十一月，高宗封皇八子李旭轮（即李旦）为殷王，命李义府兼任殷王府长史。

龙朔三年（663年），李义府官升至右相，依然主持铨选。他一面在皇帝面前百般谄媚，一面在外面做很多违法乱纪的事情，朝中百官对他十分忌惮，没人敢说他的过错。对这些事，高宗略有耳闻，曾告诫他："听说你的儿子、女婿做了很多违法的事情，我还在为你庇护，希望你要多加管教他们。"李义府听后脸色都变了，问："请问陛下从哪里听到这些言论的？"高宗说："你知道就行了，不用管我是如何知道的。"李义府听了，扭头便出门。尽管高宗并没有深究，但已经对他非常不满。

没过多久，李义府请来术士杜元纪看风水。只听杜元纪说："我看你的府上积聚了大量的怨气，假如能够有两千万

钱，就可以把这股怨气压住。”李义府对此十分相信，加快了收敛钱财的脚步。就连他母亲去世之时，他仍和杜元纪在外面想办法收敛钱财。李义府还向长孙无忌的孙子长孙延私授司津监的官职，并索取银两七百贯。结果，这件事被右金吾仓曹参军杨行颖告发。同年四月，李义府入狱，高宗命刑部尚书刘祥道联合御史台、大理寺一同审讯，还派司空李勣进行监督。经过三司会审，李义府罪证属实。

唐高宗下诏：“右相行殷王府长史、河间郡公李义府，泄禁中之语，鬻宠授之朝恩；交占候之人，轻朔望之哀礼。蓄邪黩货，实玷衣冠；稔恶嫉贤，载亏政道。特以任使多年，未忍便加重罚，宜从遐弃，以肃朝伦。可除名长流嶲州。其子太子右司议郎津，专恃权门，罕怀忌惮，奸淫是务，贿赂无厌，交游非所，潜报机密，亦宜明罪，屏迹荒裔。可除名长流振州。”

高宗将李义府流放，此举在于削弱武则天的势力，他要让武则天知道，皇帝的权威是不容蔑视的，至少武则天的生死还操控在自己手里。武则天得知这个消息，按兵不动，她知道高宗就是针对自己才流放李义府的，而李义府已经不得人心，如果保他，可能自己还惹得一身骚。于是，武则天只好放任不管，也不再问这件事。

武则天的淡然并没有缓和她与高宗的关系。没过多久，高宗策划了一个阴谋，想以此处置武则天。宦官王伏胜上书状告武则天勾结道士郭行真搞“厌胜”之术，这个阴谋就跟当年武则天对付王皇后一模一样。其实，武则天知道，郭行真与高宗、自己都有密切来往，而巫术并不能起到什么实质性作用，自己也不可能用这样不切实际的手段去对付高宗。这本身就是诬告，而背后的人一定是高宗。武则天心里什么都清楚，但她依然毫无动作，只是观察高宗如何对付自己。

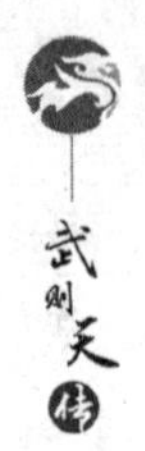



## 废后事件

为了削弱武则天的势力，高宗拉拢了自己欣赏的大臣上官仪。显庆元年（656年），唐高宗立五子李弘为皇太子，后任命上官仪为太子中舍人。龙朔二年（662年），上官仪升任西台侍郎、同东西台三品，成为宰相，又加银青光禄大夫，仍兼弘文馆学士。

麟德元年（664年），唐高宗常被武则天压制，对她已有不满，意欲将她废为庶人，便密召上官仪商议。上官仪道："皇后专横，海内失望，应废黜以顺人心。"高宗便命他起草废后诏书。武则天得到消息，马上去找高宗皇帝理论。诏书上的墨迹还未干，武则天就出现在高宗面前，好像从天而降一般。看见此场景，高宗皇帝一时也呆住了。武则天开始哭诉自己所受的委屈，开始历数自己过去所做的贡献，又开始回忆自己与高宗过去的生活，每件事都记得很清楚，高宗听了也愣住了。这时武则天抢过诏书，质问高宗皇

帝为什么要废掉自己，理由是什么。高宗一时不知道说什么，感性又懦弱的他被武则天一番软硬兼施的哭诉搞得没了办法，他又不忍废后，因怕武后怨怒，便道："这都是上官仪教我的。"

同年十二月，武则天指使亲信许敬宗，诬陷上官仪、王伏胜勾结废太子李忠，图谋叛逆。上官仪曾在李忠的陈王府担任谘议参军，与王伏胜一同侍奉过李忠，因此遭到诬陷。不久，上官仪下狱，与儿子上官庭芝、王伏胜一同被处死，家产抄没，李忠被赐死于贬所。左威卫大将军、太子左卫率、郜国公郭广敬因为平时跟上官仪交好，也被贬官外放为隰州刺史，不久即病逝。右相（中书令）刘祥道罢知政事，改任司礼太常伯。唐高宗从此大权旁落，朝政完全由武则天掌控。上官仪遇害时，孙女上官婉儿尚在襁褓，与母亲郑氏一同没入掖庭，充为官婢。

废后事件在武则天一生中也算是一次政治危机，但她果敢决断，在关键时刻让高宗动了恻隐之心，也为她后续的政治生涯奠定了基础。

# 第四章 二圣临朝

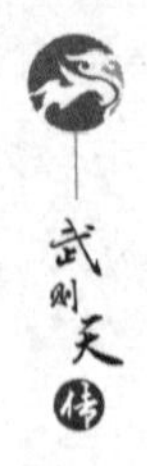

## 垂帘听政

虽然废后风波暂时过去了，可是武则天再也不满足于仅仅待在深宫之中，而是要求走上前朝，参与监控皇帝和朝臣的谈话，确保没有丝毫潜在的危机存在。李治可能因为当初听了太监王伏胜的小报告和上官仪的建议而起了废后的心，觉得对不起武则天，所以他竟然答应了武则天垂帘听政的请求。其实，在这之前，武则天处理政务的事例并非没有出现过。

《资治通鉴·唐纪十六》记载："上初苦风眩头重，目不能视，百司奏事，上或使皇后决之。后性明敏，涉猎文史，处事皆称旨。由是始委以政事，权与人主侔矣。"这是武则天真正接触朝廷政务的开始。由于表现出色，武则天的权力越来越大，大到和唐高宗差不多了。

咸亨五年（674年）起，唐高宗每次上朝，武则天必定垂帘于后，政无大小，皆与闻之。在中国历史上，这不是第一次垂帘听政，也不是最后一次，但武则天的垂帘听政有自己的特点。其他所有的垂帘听政，帘子前面坐着的是小儿皇帝，后面坐着太后，唯独这一次，前面坐着的是壮年皇帝，后面坐着皇后。

皇后垂帘听政于皇帝，听起来很滑稽，但这是真实的历史。大家都知道，坐在前面的皇帝实际上已经成为傀儡，坐在后面的皇后才是大唐真正的主人，出于对唐高宗的尊重，也为了给大臣们留点面子，武则天和李治并称“二圣”。武则天与李治共同处理朝政的局面正式形成，史称二圣临朝。

## 泰山封禅

尽管二圣临朝已经让武则天巩固了政治权威，但这个时候武则天的影响力还只在朝堂之上，官员之中。要如何把影响力扩大到全国呢？唯一的办法就是制造一个轰动全国的大事件，于是武则天就想到了“泰山封禅”。

“泰山封禅”是古代为那些替天下和百姓立过极大功劳的皇帝举行的一个极其隆重的祭祀天地活动，以彰显皇帝的丰功伟绩，并为天下祈福。之前的历史上，除尧、舜以外，做过泰山封禅的皇帝只有秦始皇、汉武帝和光武帝，那都是成就大功业的人。后来基本没有皇帝这么做过，为什么呢？就是感觉功业不够辉煌，都不太好意思去做这件事。

本来唐太宗李世民也想封禅泰山，按说以他的功绩应该也是可以的，但是因为当时国家还不富裕，还无法承担这种大规模祭祀活动所消耗的财力，所以就没能成行。当武则天提出要封禅泰山时，要说以唐高宗李治的功劳还是不够的，但是李治很爽快地答应了下来。为什么呢?

一来有了贞观之治打下的良好基础，在唐高宗时期，唐朝确实发展得挺不错的，可以说是万民乐业，民生已经得到极大的恢复，可以承担这个活动的开销了。

二来李治性格懦弱，对父亲李世民十分的崇拜和畏惧，但他还是很想证明自己，所以想做一件父亲未能做到的事情。于是在武则天的极力撺掇之下，李治决定去泰山封禅。按照正常的流程，泰山封禅是先由皇帝祭祀昊天上帝，这个时候有先皇配享，称为初献。而后再由文武大臣祭祀皇地祇，这个时候有太后配享，称为亚献。这个仪式上其实并没有皇后什么事，但武则天提出异议，认为这个礼仪的流程很不妥。她的理由是："祭天由先皇配享，皇帝来初献。祭地由太后配享，如果由大臣们来亚献肯定就不合适了，毕竟男女有别呀！如果由皇后来做亚献去孝敬婆婆却是再合适不过了。"

就这样，这次泰山封禅的亚献就变成皇后了。武则天与李治一起带领文武百官及全国所有五品以上官员，还有前来观礼的各国国王、使者和部落的首领，从长安出发，一路浩浩荡荡历时数月才到达了泰山，并于乾封元年（666年）的正月初一举行了隆重的封禅大典。当天，李治率文武百官、

扈从仪仗，从东都洛阳出发，前往泰山封禅，武则天则率内外命妇随行。车乘连绵数百里。

泰山封禅这件事情可以说轰动全国，封禅大典之上武则天作为亚献也是出尽了风头，她的影响力一下子在全国大了起来。不仅如此，她在大典过后还给百官赐爵加阶，使百官对她感恩戴德。她还免除了封禅大典从长安到山东泰山这一路所过州县一年的赋税，一时之间民间对武则天更是一片赞誉之声。

就这样，武则天的影响力开始从朝堂之上，扩大到万民之中。这为她日后登基称帝，成为一代女皇，打下了良好的群众基础。

## 修大明宫

杨氏去世后，武则天感觉到政治方面的无力。尽管武则天力挽狂澜，而且拥有了比之前更大的权力，但是，她更明白，自己已经失去了母亲这个最好的精神支柱，以后所遇的危机都需要靠自己的智慧慢慢去化解。作为女人，她已经爬到了最高的位置，但是皇后永远是皇帝的附庸。即便自己贵为皇后，但依然受到皇帝的牵制，连生死大权都不在自己的手里。武则天清楚，只有自己掌握了皇帝的权力，才能永远保住自己。于是，武则天开始有了架空高宗皇帝的念头，并开始投入实际行动中。

武则天想扩大自己的权力，那就需要缩小百官的权力，尽可能摆脱百官对皇权的监管。当时，唐朝实行的是三省六部制度，三省即中书省、门下省和尚书省。中书取旨，门下封驳，尚书奉而行之，所以中书和门下两省是最关键的部门。太极殿是高宗起居、上朝和百官办公的场所，而中书

省和门下省负责对各类奏章的起草和审核进行监管和封驳审议，宰相对事件享有主要的发言权。当然，这两个部门的办公场所距离皇帝非常近，这样就对皇权形成了非常有力的监管和控制。

唐高宗身体越来越差，他得了一种怪病，每次发起病来，头都十分疼，眼睛没办法看任何东西，而且这种病只能长时间调养。因此，高宗只好长时间躺在床上，把朝廷政事交给武则天处理。同时，武则天假借高宗生病、太极殿低洼潮湿为由，要求搬离太极殿。似乎只有搬离太极殿，才能远离群臣办公场所，才能摆脱百官对皇权的控制。为此，武则天选中了太宗曾修建的避暑宫殿——大明宫。

贞观八年（634年）十月，新宫开始建设。起初取名为“永安宫”，意求太上皇李渊长安永泰。贞观九年（635年）正月，新宫更名为大明宫。贞观九年（635年）五月，年届七旬的唐高祖李渊驾崩于长安太安宫之垂拱前殿，大明宫建设随即中止。大明宫有着较为有利的地理优势，武则天正是想利用这地形来牵制百官的权力。

为了将权力和政治中心转移到大明宫，武则天重启大明宫的修筑，同时将中书省和门下省从皇宫禁内搬到禁外。既然这两个部门的办公场所距离大明宫远了，就不再方便对皇权进行有力监管了。当时，就连宰相的议政也搬到了禁外，这不得不说是唐代中枢机构的一个很大转变。

韩国夫人与魏国夫人的教训，武则天还记在心里。为了让高宗专宠自己，不再宠幸其他任何女人，她借口为了高宗身体着想，宫中不宜留太多的女人，后宫嫔妃也应该减少一些，所以对后宫嫔妃大肆清洗。不过皇帝并非和尚，假如后宫没有女人，那只会成为天下人的笑柄。所以，为了照顾高宗的面子，武则天创立新制度，取消皇妃、昭仪、婕妤、才人、美人称号，把原有的妃子改为两人，名为“襄德”，官居一品，“劝义”四人，官居二品。这些名字听起来就是要告诫皇上勤奋学习，关心政事。高宗光是听着这些名字就头疼了，哪还有什么兴趣宠幸妃子。

## 北门学士

无论武则天、李义府等人出自怎样的一己私利，《姓氏录》终究代表着一股冲击旧门阀观念的新潮流，是意识形态领域里的一个重大突破，对提高过去沉溺于下层的一批普通地主的社会政治地位，起了积极的作用。

新成长起来的寒门出身的知识分子蜂拥而来，要求进入官场，这是又一股生气勃勃的社会潮流。新登上政治舞台的武则天，为他们打开了闸门，借此不断培植和更新拥戴自己的官僚队伍。每年吏部接纳的选人以数千上万计，每年入流人数超过一千四百人，比正常需要补充的数字高出两倍，尽管如此也不加控制，还在上元二年（675年）开始设“南选”，以便在江淮以南，主要是岭南、黔中选拔官员。乾封元年（666年）在泰山行封禅礼后宣布“文武官三品以上赐爵一等，四品以下加一阶”。一批官员得以通过泛阶制度入五品、三品高官。新兴普通地主在政治上的要求得到满足。

科举制度在二圣时期也有重要发展。咸亨（670 ~ 674年）以后，进士成为科举中诸科的重心。每年取士的人数比贞观年间扩大一倍，平均为二十余人，而且更加重视以文章取士，史家称这和“太后颇涉文史，好雕虫之艺”有关。这一政策种下了盛唐文坛繁荣的契机。比较起实际以门第取人的九品中正制度来说，这种“学而优则仕”的科举制度无疑是历史的进步。唐玄宗开元之治的名相姚崇、宋璟、张九龄和文坛巨擘陈子昂、刘知几等，都是这时期通过科举制度选拔出来的杰出人才。

如何驾驭整个官僚队伍，是武则天必须考虑的。她以皇后身份参政，不免还有许多不便，所以需要有一支亲信力量，替她沟通内外廷。在李治的鼓励下，武则天仍然代理国政。她经常回味夫妻两个在泰山封禅，那万众瞩目的尊荣风光，这让武则天产生了新的想法。现在的她，虽名为皇后，但已经算得上是半个皇帝。可是，这权力可靠吗？她靠着高宗借给她的权力，在朝廷上当了半个皇帝，但这权力终归是借来的，早晚要还给丈夫或儿子。但武则天已经离不开权力了，她从小就有强烈的出人头地的愿望，十几年的后宫蛰伏更让她明白了人情冷暖，一旦失去权力，她就失去了所有靠山。丈夫是不可靠的，儿子也是不可靠的，只有手中抓着实

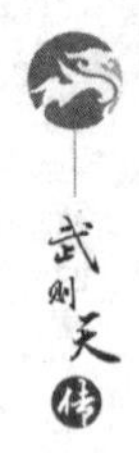



实在在的权力，才能保证她的地位。

那么实实在在的权力从哪里来？她所依靠的臣下，李义府被李治收拾了，许敬宗已经老了，袁公瑜等人起的作用也不大。其他大臣，虽然表面上听她的话，但武则天清楚地知道，他们效忠的是李唐王室，而不是她武则天。看来，必须培养自己的势力，不动声色地培养对自己效忠的臣下。首先，武则天建立了自己的智囊团。乾封年间（666～668年），她组织了“北门学士”，从左、右史和著作郎中物色了一批文人，即刘祎之、元万顷、范履冰、苗神客、周思茂、胡楚宾和卫敬业等，以修撰为名，特许从北门出入禁中。除了编写署武则天名的《列女传》《臣轨》《百僚新诫》《少阳正范》《兆人本业》《乐书》等著作，他们还被密令参决朝政，“以分宰相之权”。显然，这是皇权、相权之外，武则天自己控制的第三权力中心。

北门学士的日常任务是编书，对外宣称的工作也是编书，但这些工作是为了掩人耳目。武则天组织的“北门学士”，实际上是类似于李世民的秦王府学士、李泰的魏王府学士的智囊班子。北门学士手握笔杆子，不断写文章强调武则天掌政的合理性与合法性。在此后的二十余年中，武则天不仅在皇后的位置上坐得稳稳当当，高宗死后她又临朝称制，并逐步造成改唐为周的形势，这些都是与“北门学士”分不开的。

“北门学士”不仅帮助武则天分减皇权和相权，而且在有关国家的经济、军事、文化、政治等方面为武则天出过不少良策。他们也多被擢升为三品、四品高官，范履冰、刘祎之还做到宰相，长期受到重用。

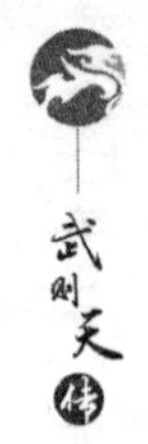


## 封号天后

只有“北门学士”智囊团是不够的，长孙无忌的教训告诉武则天，文臣能做的事有限，权力的另一决定因素在武力，她要拥有一定数量的军队。皇后当然不能领军，但是，军队将领如果是武则天的亲信，效果是一样的。可是唐朝的将军们，平日在外乖乖打仗，心里却明白得很，他们的态度从头到尾都没变过：我们效忠皇上，尊重皇后，做好本职工作，其余的，别找我们。他们不喜欢参与朝廷上的政治斗争，也不想配合武则天的工作。武则天拿这群人没办法，她也知道，这群人不能得罪，保家卫国都指望他们。于是，武则天又开始往军队插入自己的亲信。

智囊团有了，武库在筹备中，武则天又觉得，古往今来像她这样的女人几乎没有，只当个皇后太委屈自己了。咸亨元年（670年），大唐突遭大旱。由于长时间老天不下雨，土地干涸龟裂，颗粒无收，民怨沸腾。与此同时，朝廷内外

传出一些对武则天不好的言论。流言大多是说武则天独揽大权，干涉朝廷内政，导致上天对大唐王朝不满意，才会造成这次旱灾。

尽管武则天心中十分明白，这种谣言简直是无中生有，但谣言的力量不容小觑。想当年李君羡就是被谣言害死的，如今这谣言的矛头又指向了自己。于是，武则天想来想去，想出一条妙计。一天，她有些委屈地对高宗说："这么多年自己做了那么多事，没想到旱灾的事情却怪罪到自己头上。但这件事是国家大事，所有人都说我干涉朝政才导致旱灾，那我现在就要给天下人一个交代。"这是武则天第一次提出辟位。武则天之所以提出辟位，就是利用政治和感情试探高宗。如果高宗惩罚她，那就是向天下百姓说明高宗的地位不如她，重要时刻需要武则天出手；如果高宗承认旱灾是自己的责任，那就代表自己也有很高的权力。高宗驳回了武则天辟位的要求，于是，这场旱灾导致的谣言和指责就被武则天轻松化解了。但是武则天并不甘愿，天下百姓越是这样，她越是要让天下人看到自己的权力和威严。

于是在咸亨五年（674年），武则天向李治提议，应该给自己加个封号。"什么封号？"病重的李治已经习惯于妻子的文字游戏，光是年号，就不知道改了多少个。武则天

提议他俩应该被称为“天皇”“天后”。当年周宣帝宇文赟就在封号上大做文章，做来做去跳不出一个“天”字。武则天如此提议，李治竟然同意了，他们还突发奇想地给唐朝列祖列宗都加了封号，李渊成了神尧皇帝，太宗成了文武圣皇帝，就连长孙皇后也成了文德圣皇后。农历八月十五，高宗李治竟然给祖先们献上了自己和妻子拟定的封号，然后，自称是天皇，皇后为天后，顺便把年号改为上元，又来了一次大赦天下，以示他们道高德重，应天承运。

四个月之后，武则天就在“北门学士”的协助下，提出了治理国家的一个政治纲领：《建言十二事》。这十二事关系到国家的方方面面：第一条，劝农桑，薄赋役。国母在为广大子民考虑，用心良苦。第二条，给复三辅地。免除长安及其附近地区的徭役，政治中心必须稳定。第三条，息兵，以道德化天下。打不起的时候，要强调道德的重要性。第四条，南北中尚禁浮巧。财政吃紧，大家一起省钱，那些玩乐的东西，能免则免。第五条，省功费力役。该建的宫殿已经建完，是休息的时候了。第六条，广言路。招揽更多的人才和意见为国服务。第七条，杜谗口。禁止谗言，鼓励清明政治。第八条，王公以降皆习《老子》。摆出李家媳妇的姿态，尊重祖先李耳。第九条，父在为母服齐衰三年。把母亲提高到和父亲同等地位，极力提倡女性权利。第十条，上元前勋官已给告身者，无追核。以前犯过错误的武将，不会被剥夺勋田。第十一条，京官八品以上，益禀入。第十二条，百官任事久，材高位下者得进阶申滞。下层官吏们，只要有才能，很快就能升职。武则天的政治纲领一出，百姓们高兴了。他们认为国母心怀苍生，文武官员们心存感念。

武则天建言劝农桑、薄赋徭、给复三辅地，并禁浮巧、省力役，对于缓解灾荒起到了一定的作用。“北门学士”从组织起来，直到武则天登基称帝的二十多年中，一直是武则天手中重要的执政工具。武则天正是通过这个由文章高手组成的智囊班子，才一步一步地从皇后、天后，走向皇帝宝座的。称帝之后，武则天总揽朝纲，广招天下俊杰，“北门学士”的作用才慢慢衰落下去。

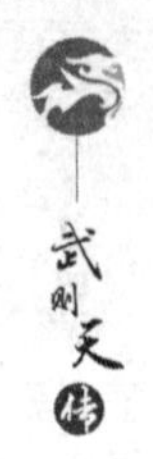


## 太子李弘

王皇后和萧淑妃被处死之后，高宗废黜太子李忠，改立李弘为太子。李弘从小就是储君，受到高宗的喜爱。高宗曾称赞他："非常孝顺，对大臣也颇有礼仪风范，几乎没有什么过错。"

年轻的李弘曾向郭瑜学习《春秋左氏传》，当他读到楚世子芈商臣弑杀君王的故事时，忍不住哀叹："这种事简直是闻所未闻，圣贤经典应该记载那些值得学习的好事，为什么要把这个记录下来呢？"郭瑜回答："孔子写《春秋》时，好的事情、坏的事情都会记载，就是为了表扬那些做得好的事情来劝诫众人，写下那些不好的事情来告诫后世。写芈商臣的故事就是要让他的坏名声流传下去。"李弘说："这种事情，不仅说不出口，而且也不想看见，请让我看看其他的书吧。"郭瑜闻言称赞太子仁德，随即改授《礼记》。龙朔元年（661年），李弘召集许敬宗、许圉师、上

官仪和杨思俭等人收集古今文集，选出五百篇编成《瑶山玉彩》。高宗当即赏赐其绢帛三万段。

李弘做太子时总是很仁德，经常会提出一些关乎民生的政策，所以得到了百姓的爱戴。当时朝中征召很多士兵，逃兵或者在限定日期前没报到的士兵会被处死，家里人也要充官。知道这件事后，李弘上书进谏："臣听说军队征兵，只要没有及时报到，全家都要被殃及，有的甚至没有定罪就被关了起来，且人数甚多。其中有些是因生病才没及时报到，或者途遇山贼、渡河遭难、畏惧逃亡、身负重伤等，却还要处罚他们的家人。臣认为军法应该考虑实情，假如不是战死就被定罪或被认为是逃亡，还殃及其家人，这实在是值得同情。臣希望可以修订相关法律，以后家里有士兵逃亡，也不被牵连。"高宗批准了李弘的请求。

高宗的身体越来越差，他逐渐感觉到武则天已经牢牢控制了朝中政事，自己正处于下风。尽管他自己已经无法改变现状，但他希望可以选一个好的太子来代表自己，将至高无上的权力重新夺回来。高宗非常喜欢太子李弘，在他所有的孩子中，李弘是最优秀的。他看起来气度不凡，容颜俊俏，熟读诸子百家，还有较高的文学素养，这些都让高宗感到欣慰。在他调养身体的时候，他就开始教李弘接

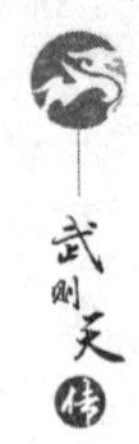



触朝中政务。

咸亨二年（671年），高宗出行东都洛阳，命太子李弘监国。监国意味着太子要为成为皇帝做足准备，也意味着高宗将把自己的位置传给李弘。这对武则天来说，是一个十分大的威胁和阻碍。而由于李弘实施仁义的政策，又间接危胁到了武则天的利益。

渐渐地，李弘和母亲武则天之间出现了嫌隙。李弘推行的仁政，在武则天看来太怀柔，过分理想化，而且李弘还容易敌友不分。李弘则认为母亲每件事都要管，太过强势且狠厉，与自己的政治主张矛盾。受儒家思想的熏陶，李弘对于母亲干政这件事就难以接受，面对母亲对自己的管束，李弘更加反感。武则天希望能找到一个合适的时机来应对李弘，但始终没找到这个机会，于是，她选择静静等待。

李弘身子也十分虚弱，但是他不忘国家大事，每天都处理政务，这样的日子过得非常辛苦。一天，李弘想起身走动一下，他一个人在皇宫里走着，心中想着政事，没注意就走到了掖庭宫。等他回过神来，抬头一看那三个字，心中不免惊讶：这个地方是哪里？他进去之后发现，这掖庭宫里关着两位公主，也就是义阳公主和宣城公主，她们的母亲是已被武则天处死的萧淑妃。两位公主并不清楚李弘的身份，只是

看到李弘时表现得非常害怕，话也说不清楚。李弘看到这样的情景，心中的仁爱焕发，同时又觉得母亲太不人道，对武则天再次产生了不满的情绪。

李弘快速离开掖庭宫，回到自己的房间，思来想去，还是决定上书母亲，希望能给两位公主生路。武则天看到李弘的上书，非常生气，她觉得李弘是在公然违抗自己。但武则天还是控制住了情绪，她拿着奏折沉思片刻，然后想到了一个好主意。虽说李弘公开让武则天为难，但这封上书的确是站在“仁义礼智信”的角度，有理有据，不容反驳。假如武则天不答应，那就是把私人恩怨摆在第一位，未免显得心胸狭隘和太过残忍。于是，武则天将计就计，马上下旨将义阳公主和宣城公主嫁给了上翊卫中的权毅和王遂古。上翊卫是皇上的贴身侍卫，祖辈必须是大功臣才能担当此任，所以两个公主的联姻也是无可挑剔的。武则天这样做，既拂了李弘的宽容大义，又让文武百官无话可说，简直是一箭双雕。但经过此事之后，武则天愈发讨厌李弘，她也意识到，李弘不可能成为自己的同盟，他只会给自己带来更多的阻碍。

没过多久，武则天以高宗身体虚弱、太子也需要精心调养为理由，带领文武百官去了洛阳。她主持修建大明宫时就

想将权力分割，转移政治中心。这次去洛阳，是武则天转移权力的第一步。其实，李弘根本不想去洛阳，他对陌生的环境有一种反感，而且思念故乡。这样心绪成疾，李弘的身子愈发虚弱，他还得了一种怪病，经常咯血不止。到洛阳后，病情加重，完全没办法继续翻看奏章。武则天请名医给李弘看病，但是不见起效。高宗曾许诺将大唐江山交予李弘，但李弘身体日渐衰弱，最后病逝于洛阳。

李弘死了，高宗非常悲痛，破例追加太子李弘为皇帝，这是唐朝建立以来父亲追赠儿子为皇帝的先例，可见高宗对太子早逝的深深哀痛与惋惜。高宗还亲自制书《赐谥皇太子弘孝敬皇帝制》，其中有这样的内容："皇太子弘，生知诞质，惟几毓性。直城趋贺，肃敬著于三朝；中寝问安，仁孝闻于四海。若使负荷宗庙，宁济家邦，必能永保昌图，克延景历。岂谓遽婴雾露，遂至弥留。顾惟辉掌之珍，特切钟心之念，庶其痊复，以禅鸿名。及腠理微和，将逊于位，而弘天资仁厚，孝心纯确。既承朕命，掩欷不言，因兹感结，旧疾增甚。亿兆攸系，方崇下武之基；五福无徵，俄速上宾之驾。昔周文至爱，遂延庆于九龄；朕之不慈，遽永诀于千古。天性之重，追怀哽咽，宜申往命，加以尊名。夫谥者，行之迹也；号者，事之表也。慈惠爱亲曰孝，死不忘君曰敬。可谥为孝敬

皇帝。”

在文中，高宗清楚地回忆了李弘的死因，还怀着悲痛的心情悼念了儿子。

# 第五章 肃清左右

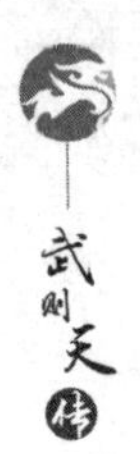


## 罢黜李贤

高宗知道自己的身体越来越差，根本没办法支撑很久，重新立太子是迫在眉睫的事情。这时朝廷中拥护李贤为太子的人最多。李贤是武则天的第二个儿子，颇有才气，由于李弘身体虚弱，李贤偶尔也帮哥哥处理政务。李弘在世时，由于他的优秀，并没有多少人注意李贤。李弘死后，李贤也非常难过，他以哥哥为榜样，不管是生活还是处理政事都效仿哥哥。

李贤长大后容貌俊俏，举止有礼，深得高宗喜爱。高宗曾对司空李勣说："李贤已经读了《尚书》《礼记》《论语》，可以背诵十多篇古诗赋，一看就懂，而且记性好。我曾让他读《论语》，他非常喜欢'贤贤易色'这一句，我才知道这孩子天生就聪慧。"

乾封元年（666年），沛王李贤召集王勃为王府修撰，而且非常重视其才学。两年后，李贤与弟弟李显斗鸡，王勃

随性写了一篇《檄英王鸡》。唐高宗知道后非常生气，认为这篇文章是在挑拨兄弟之情，于是把王勃赶出了王府。

李弘死后，朝廷官员都支持李贤为太子。虽说太子总是要立的，但选谁是个问题。武则天并不喜欢李贤，因为李贤性格比李弘更刚强，比起李弘，他更像母亲武则天。

上元二年（675年），就在皇太子李弘猝死后不久，李贤继立。高宗命李贤留守长安监国。李贤处理政务明确公允，为朝廷内外所颂扬。当然，他与母亲武则天的矛盾也日益显现。李贤对于母亲干涉朝政颇有不满，但他知道自己无力对抗，于是他效仿母亲组织"北门学士"的举措，广纳良才。李贤召集张大安、刘纳言、格希元、许叔牙、成玄一、史藏诘和周宝宁等学者注释《后汉书》。《后汉书》是南宋范晔编撰的，书中对后汉太后专政等情况进行了客观详细的描述。但是李贤在编撰的时候，在《后汉书》中加入了自己的意见，特别强调反对女人干政。这本书出了之后，武则天心中很窝火，她与李贤的关系也愈发紧张起来。

相比于李弘对母亲的抵抗，李贤的行为更加大胆。《后汉书》书成之后，呈奏给高宗，收藏于皇宫内阁。仪凤元年（676年），唐高宗亲笔下诏表扬李贤："皇太子自留守监国以来时间不长，但留心政务，抚爱百姓，非常尽心，对刑

法所施也细审详察。加之政务之余，能够专心精研圣人经典，领会深意。先王所藏书册都能研讨精华。好善正直，是国家的希望，深副我所怀。命赏赐绢帛五百段。”武则天心中十分不痛快，决定以其人之道还治其人之身。她派人送了《少阳正范》和《孝子传》给李贤，叮嘱他要好好读，其实就是告诉李贤，他身上欠缺两样东西，一是处理政事的能力，二是当孝子的能力。她暗讽李贤当不了皇帝，也不是孝子。李贤收到这两本书，心中大为不悦。

好巧不巧的是，宫中开始盛传李贤并非武则天亲生，这让李贤陷入了恐慌。流言蜚语说得好像真的一样，李贤也不由得怀疑起来，毕竟对于自己的身世，他毫无办法。这样一来，李贤对武则天的感情变得十分复杂。反观武则天，面对谣言，她表现得相当冷静，每天仍像往常一样处理政务。不过，私底下她开始派遣亲信道士明崇俨为皇子们看相。术士明崇俨深得高宗和武后信赖，曾对武后说“太子不堪承继，英王（武后第三子李显）貌类太宗”，又言“相王（武后幼子李旦）相最贵”，意思是太子不好，当皇帝不够格。这个评价让传言更加逼真，李贤听闻后深感厌恶，开始记恨明崇俨。

看相这件事过去后，李贤松了一口气。但武则天又经常

把明崇俨请进宫里，令其假意与高宗探讨各种道法，实际上旁敲侧击地表示李贤难堪大任，无法当皇帝。宫中的流言蜚语，再加上明崇俨的预言，使高宗越来越不信任李贤。李贤无力改变事态，他内心极度恐慌，只能每天借酒浇愁，整个人也放荡不羁。这样的行为更激起了高宗对他的不满。不过李贤并不是懦弱之辈，他决心反击，除掉明崇俨。

很快，明崇俨被杀的消息传来，武则天十分生气，她马上派人去调查，希望能查清是谁干的，但是一直没找到凶手。武则天怀疑这件事与李贤有关，但苦于没有证据，只好暂时将这件事搁置下来。

没多久，又有人上报高宗和武则天，说李贤专宠太监赵道生。这赵道生长得一表人才，兼之传话的人把两人的故事讲得绘声绘色，这让武则天感觉机会来了。她马上派人把李贤叫来，逼问这件事，李贤拒不承认。武则天又调转方向，开始严刑逼供赵道生，赵道生承受不住拷打，不仅招认了与李贤有“阴事”，还招供了李贤有谋反之心。武后派人在东宫马房里搜出数百具铠甲，作为谋反罪证，命令薛元超、裴炎和高智周办理此案。高宗一向喜爱李贤，想要宽恕他。武后却说：“为人子心怀谋逆，应该大义灭亲，不能赦免罪行。”于是，李贤未能洗清罪责，被废为庶人，幽禁在

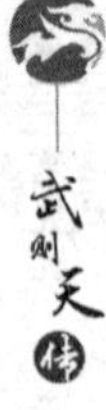

长安。太子的近臣张大安、刘讷言等遭到贬职流放，高政被家人私刑处死，曹王李明受到牵连，终遭废杀，连坐者十多人。

就这样，李贤被罢黜，彻底失去了翻身的机会。武则天为了堵住朝廷内外的流言蜚语，让所有人信服，命人在洛阳天津桥南当众焚烧那几百件铠甲，告诫天下百姓，李贤是想造反，不可饶恕。

## 李贤之死

永淳二年（683年），被幽禁数年的庶人李贤被流放到偏僻的巴州，走时妻儿仆从衣缕单薄，十分凄凉。李显为此上书恳请帝后怜悯，稍赐春冬衣物。

对母亲武则天的所作所为，李贤是最清楚不过了。被流放巴州之后，他作了一首脍炙人口的诗《黄台瓜辞》：种瓜黄台下，瓜熟子离离。一摘使瓜好，再摘令瓜稀。三摘尚自可，摘绝抱蔓归。

意思是黄台下种着瓜，瓜成熟的季节，瓜蔓上长了很多瓜。摘去一个瓜可使其他瓜生长得更好。再摘一个瓜就看着少了。要是摘了三个，可能还会有瓜，但是把所有的瓜都摘掉，就只剩下瓜蔓了。李贤把自己比喻成瓜藤下的瓜，而兄弟姊妹同在一根藤下。这首诗与曹植的《七步诗》有异曲同工之妙。此时的李贤是有些幼稚了，以为此诗能够感动武则天，岂不知，武则天见诗之后，更加对李贤憎恨不已，决心

要置李贤于死地。

李贤来到巴州之后，身体没办法适应巴州的环境，再加上饥寒交迫，感受到从未有过的凄凉和孤独。想到自己的身世不清不楚，与父亲可能是永别，而母亲又对自己没有怜爱，这些都让他对生活失去希望，心情很差，身体也越来越差。

武则天了解李贤，他的性格更像自己，做事也十分毒辣，因此担心他在外成势。她思来想去，还是决定彻底铲除李贤。于是，武则天命令左金吾卫将军丘神勣前往巴州检校庶人李贤的住宅，以防备其谋反。丘神勣到巴州后，将李贤囚禁于别室，逼令自杀。

得知李贤自杀的消息，武则天整个人显得非常悲痛，抹泪不已，难以抑制住内心的悲痛之情。她马上又十分生气地把李贤的死怪罪到丘神勣头上，将其贬为叠州刺史。随后，武则天为李贤举行隆重的葬礼，亲自主持，亲自祭奠，还命所有文武百官都在显福门面前悼念。一切看起来都是那么自然，根本无法让人想到李贤的死与她有关。

李贤死后，高宗的身体变得更差，一下子失去两个心爱的儿子，精神上的打击让他彻底倒在了病床上。太子之位依然需要再选人，这次选了李显。当然，李显比不上哥哥李

弘、李贤，他只是一个资质平庸的皇子。但武则天正需要这样一个接班人，一个可以任由自己操控的傀儡。李显的平庸，让她可以发挥出自己的能力，她完全可以架空李显，让自己掌控大权。

## 高宗驾崩

唐高宗身体每况愈下，眼睛经常看不见东西，这时的朝政基本上是武则天一手掌控。武则天明白，高宗的身体支撑不了多久了，说不定即将归天，但高宗若真的驾崩了，自己想继续掌控权力，就要做好权力交接，否则，自己的权力将受到威胁。为此，她在心中细细筹划未来的事情。

此时，高宗和武则天还在长安皇宫里。武则天想让高宗去洛阳，因为大明宫已经修筑完成，而且洛阳对她更有利。长安是李唐王室的聚集地，这里有盘根错节的旧势力。虽然武则天与他们交手多年，但大唐毕竟还是姓李，她想要崛起还是不容易。若一直在长安，并不利于武则天发展自己的势力，她早就想转移权力了。所以，当大明宫修筑完成后，武则天想了各种理由，利用各种机会让高宗去东都洛阳。

不过，这次想要高宗愿意去洛阳，又找什么理由呢？高宗年纪大了，身体也差，他更希望坚守在长安。他所接受的传统思想，让他坚持认为落叶归根就是最后的宿命。正因为高宗有这样的坚持，武则天根本想不出来好的理由让高宗前往洛阳。如果她坚持要去洛阳，也会让高宗和大臣们怀疑。

武则天是一个颇有远虑的人，她做每件事情都需要事先计划，如此才能保证事情成功。正在武则天满腹愁思之际，一场从天而降的大旱帮助了她。旱灾导致许多百姓面临着饥荒，还有一些百姓饿死街头，朝廷不断接到奏章，上报灾情危急。这件事给了武则天一个很好的劝说理由——洛阳是唐朝水陆交通的枢纽，粮食充足，而按照惯例，一旦遇到水灾、旱灾，皇帝和大臣们都会选择前往洛阳避难。

就这样，武则天阐述了两个去洛阳的理由，一个是灾情的影响希望高宗跟自己带着朝廷官员去洛阳避难，另一个就是去嵩山封禅。武则天声称，此次封禅除了歌功颂德，还希望得到神灵的庇佑，让高宗能够早日康复。听到武则天的话，高宗心中一动，他最希望的就是得到神灵的保佑，自己的身体能够早点好起来。这时的高宗，对权力早没有了欲望，他只希望自己能够活得更久一些。毕竟，那么多个日夜，高宗遭受疾病的折磨，备受痛苦的他比普通人更希望得到健康。

怀揣着这样的期望，高宗跟武则天一起奔向洛阳。一

路上，武则天心情很好，可是，已经病重的高宗经过奔波后竟然双目失明了。眼前一片漆黑，高宗十分害怕，他躺在病床上拉着武则天的手。看到高宗这样的情况，武则天也很慌张，她急忙喊来御医救治。结果来了一屋子的御医，开方子、喂药，但高宗的眼睛还是看不见任何东西。高宗不安的情绪感染了武则天，毕竟她与高宗在一起有三十年了，不管是感情还是政治，武则天都是依靠高宗才有了今天。现在高宗失明了，随时可能归天，武则天内心还是难以接受的。尽管她非常清楚，高宗的身体已经快支撑不下去了，驾崩是迟早的，但她还是感觉很难过。

时间就这样一天天过去了，高宗的眼睛依旧不见好转，武则天也开始急了。这时她听人说大秦有个十分出名的医生叫秦鸣鹤。相传，他替病人治疗的方法不一样。武则天马上派人把这位秦鸣鹤找来，并对他治愈高宗寄予了很大的希望。秦鸣鹤很快来到了大唐，在查看了高宗的双眼之后，他说高宗是风毒入侵头部才会导致双目失明，只需要用针刺头部，将里面的血放出就能看见了。听到如此冒险的治疗方法，武则天很生气，这样做风险太大了，再说了，皇帝的头怎么可能让人随便刺呢！武则天训斥秦鸣鹤，吓得秦鸣鹤马上跪在地上，嘴里不停求饶。这时高宗说：“医人议病，理不加罪。且吾头重闷，殆不能忍，出血未必不佳。朕意决矣。”在这种情况下，高宗也抱着“死马当作活马医”的想法。于是，秦鸣鹤开始用针刺高宗的头部，随着里面的污血流出来，高宗马上大叫可以看见东西了。武则天十分惊讶，也十分高兴，急忙喊：“天赐我也！”然后武则天让名医秦鸣鹤等着，她自己急忙跑去放置丝绸的地方，亲自拿来丝绸赠予秦鸣鹤，以表达自己的感激之情。

高宗的眼睛重见光明了，不过，他的身体还是非常虚弱，他希望大赦天下来为自己祈福。于是，高宗改年号为弘道，并大赦天下。在大赦天下现场，已经十分虚弱的高宗连站起来宣读圣旨的力气都没有了，只好让别人代替他宣读。听着城外面老百姓的呼声，高宗心中非常愉悦，但他知道自己活不长了，无限感慨地说：“假如可以死在长安多好。”这也是高宗生前唯一的愿望，他就带着这个遗憾，当晚驾崩了。

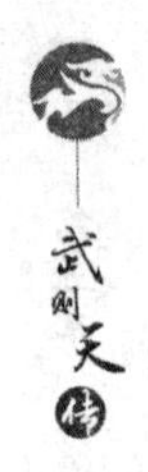


## 高宗遗诏

永淳二年（683年）十二月四日，五十六岁的唐高宗病逝于洛阳贞观殿。

唐高宗死了，太子李显即将上位。因为按照惯例，先皇的离去之日，便是李显君临天下之时。事实上李显也的确具备这个资格，唐高宗在临终前留下的《大帝遗诏》对他来说便是“尚方宝剑”。遗诏虽短，但“天下至大，宗社至重，执契承祧，不可暂旷。皇太子可于柩前即皇帝位，其服纪轻重，宜依汉制”。这几句话已经明明白白、清清楚楚地给了太子李显合法继承皇位的权力。

手握这样一柄尚方宝剑，李显觉得坐上皇帝位置的时间快了。然而，事实证明，他笑得太早了。武则天手中本来就有权，这个“摄政”的权力，她已经拥有二十多年了。现在突然要被李显夺去，虽然李显是自己的亲生儿子，但武则天显然是不愿意的。

然而，唐高宗并没有绝了武则天的政治之途、权力之欲。高宗也明白武则天非常喜欢权力，所以他在遗诏最后写上了“军国大事有不决者，兼取天后进止”。这句话给武则天保留了最后的希望。

料理完高宗的后事之后，母子之间就皇权展开了争夺。原来，在唐朝有这样的规定，父亲死了，当儿子的要服丧守孝三年。但这三年并不是整三年，而是二十七个月。对于皇帝来说，当然不可能因为守孝而误国误民。为此，唐高宗在遗诏中做出这样的特殊说明：“皇太子可于柩前即皇帝位，其服纪轻重，宜依汉制。以日易月，于事为宜。”这段话对新皇帝的服丧作出了明确说明。新皇帝可以依照汉朝的制度，服丧可以用一天来代替一个月，主要还是要以国家大事为重。

按这个“以日易月”来推算，李显给唐高宗服丧的时间就变成了二十七天。而这二十七天恰恰是武则天稳固权力的绝佳时机。武则天没有迟疑，她选择了主动出击。她利用狐假虎威的策略，很快为自己找到了一只“虎”作为靠山和后盾。这只“虎”便是唐高宗的托孤大臣裴炎。作为托孤大臣，裴炎这只大“虎”在朝中的分量之重可想而知，也正是因为这样，武则天才选中了他，打算走强强联合之路。

裴炎是个厚道人，也是个聪明人，更是一个识时务的人。面对武则天的主动“示爱”，他选择顺水推舟般地投怀送抱也就在情理之中了。接下来便是托孤大臣裴炎一展才干的时候了，他很快就为武则天献上了一份大礼——一封沉甸甸的奏折。奏折的中心内容是：请求天后临朝听政，处理朝中大事。理由是新皇帝还在服丧守孝期，还没有正式受封，在这个时期由天后代掌朝政是理所当然、天经地义的事。

裴炎是先皇唯一指定的顾命大臣，他一开口，群臣都只有默许的份。

## 武裴联手

裴炎出身名门望族，从小家境良好，父亲裴大同是折冲都尉。受父亲影响，裴炎为人严肃刚强。裴炎年轻时就读于弘文馆，勤奋好学，同学出外游玩时，仍旧苦读不辍，后以学业未精为由，拒绝官府征辟。他还曾在弘文馆苦学十年，精研《左传》。

由于做事尽职尽责，裴炎从当官开始，仕途还算顺遂，几乎没有遇到什么大的挫折。裴炎参加科举，以明经及第，受到唐高宗的重用，最开始在濮州当一个司仓参军，后来晋升到京城当官，历任监察御史、起居舍人等职。裴炎对自己的家世和才干都有信心，相信自己迟早有一天会得到皇帝的重用，即便面对高宗也没有畏惧感，所以成为高宗生活和政治上的益友。后来，裴炎受到高宗的提拔，当了黄门侍郎后又当兵部侍郎，最后成功晋升宰相班子。裴炎的仕途可以说是顺风顺水，这也导致他太过自信，相信自己拥有卓越能

力。他也怀着满腔的政治理想，希望可以通过自己的努力把大唐变得国泰民安。

裴炎有着远大的理想抱负，这在当时是非常难得的。不过，个性使然，他把所有事情都看得太过理想化，而且格外自负。即便他在朝廷位列高官，拥护者也众多，但他并没有把武则天看得很重要。在他看来，自己从小在李唐的恩泽下长大，也是李唐培养了自己，所以，他对李唐王室有着很深的感情。尽管他知道武则天有政治方面的能力，但依然对武则天插手朝政的事情感到不满意。不过继位的李显又太过平庸，在这样的情况下，裴炎只好借助武则天的政治能力，希望能以此实现自己的政治抱负。

为了能掌控宰相班子，裴炎还不惜排挤裴行俭和韦玄贞。裴行俭的曾祖父、祖父都仕于北周；父亲裴仁基，在隋朝官至左光禄大夫；其兄裴行俨，为隋末猛将。裴行俭少年时凭借先辈功勋被委任为弘文生。唐太宗贞观（627～649年）中叶，参加明经科考试中选，被任命为左屯卫仓曹参军。当时，左卫中郎将苏定方说道："我用兵的谋略，世上没有可传授的人，现在你很合适。"就把自己用兵的奇术全部传授给裴行俭。后来，裴行俭调任长安县令。唐高宗李治准备立武昭仪为皇后，裴行俭认为国家的祸患就从这事开

始，与顾命大臣长孙无忌、褚遂良秘密商议对策。大理寺卿袁公瑜向武昭仪的母亲杨氏告密，裴行俭因而被贬为西州都督府长史。

调露元年（679年），突厥首领阿史德温傅、阿史那奉职二部落相继反唐，立阿史那泥熟匐为可汗，单于都护府所辖的二十四州都响应他造反，叛军有几十万人。都护萧嗣业奉命征讨，没有成功，反被阿史德温傅击败。高宗下诏授裴行俭任定襄道行军大总管，率军讨伐。大破突厥后，侍中裴炎妒忌裴行俭的功劳，向高宗陈述意见："阿史那伏念被程务挺威胁追赶，又遭碛北回纥的逼迫，没有办法才投降的。"结果导致阿史那伏念及阿史德温傅被处死，裴行俭的功劳也不予记载，只被封为闻喜县公。裴行俭叹息说："西晋的王浑妒忌王浚平定吴国功劳的事，从古至今为人所耻。只怕杀掉降将以后就再没有愿归顺的人了！"于是借口生病，不再露面。

裴炎排挤的另一个人就是韦玄贞。如果说裴炎妒忌裴行俭是因为才能，那么排挤韦玄贞就是为了政治斗争。这韦玄贞是李显的皇后韦后的父亲。李显非常宠爱韦后，所以韦玄贞一家就有了一人得道鸡犬升天的气势。裴炎想联合武则天的势力来提升自己的地位，那必然就要削弱李显的势力。当

时，裴炎在宰相班子里声望最高，他绝不允许有异党来影响自己实现政治抱负，所以他极力排挤裴行俭和韦玄贞，以此保证自己的位置不受任何威胁。

## 志同道合

武则天非常想废掉李显，她根本不希望自己的权力被分享，只是仅凭一己之力根本没办法掌控李唐王室。她明白裴炎目前是站在自己这一边的，她完全可以与裴炎联合起来将李显废黜。

而裴炎之所以选择站在武则天这边，目的在于废黜李显，推李旦为皇帝。裴炎是一个拥有自己政治理想的人，而这份理想只能通过一个人来实现。裴炎经过仔细观察，认定李旦是最佳的人选。李弘仁义敦厚，却英年早逝；李贤聪明能干，却因为太像武则天，根本无法驾驭，这样的皇帝也没办法帮助裴炎实现政治理想。李显尽管非常平庸，性格却比较乖张，平日里任性惯了，完全没有能力治理国家。于是，裴炎把一切的希望都放在了李旦身上。

李旦是唐高宗李治与武则天所生第四子，初名李旭轮，出生不久便被封为殷王，遥领冀州大都督、单于大都护、右

金吾卫大将军。他在兄弟中排行最小，因而深受父亲唐高宗的宠爱。李旭轮成年后，谦恭好学，精通书法，对文字训诂方面的学问很有研究。他担任右卫大将军、洛州牧，历封豫王、冀王、相王，并更名为李轮。其实，李旦的才华并不亚于李弘和李显，而且为人忠厚，心胸宽广。他个性随和，对名利毫无欲望，他最不喜欢的就是政治斗争。在武则天和裴炎看来，李旦是最合适的皇帝人选，这样一个对名利毫无欲望的人适合当傀儡皇帝，而且完全没有威胁。

武则天和裴炎联合之后，便开始行动。武则天想尽可能延长自己的权力期限，于是，她以让李显展露“孝心”为由，对李显说：“你父皇驾崩没多久，你肯定非常难过，也没有太多的心思处理朝廷政务，不如先由我代为处理，等你守孝时间到了，再由你自行处理朝廷政事。”李显没有拒绝的理由，只好应承下来。就这样，武则天又为自己多争取了时间。她开始到处拉拢势力，积极筹划政变。

第一步是施恩，武则天很快以“摄政王”的身份下了一份诏书，安抚李唐宗室。经过仔细考虑，她先是根据王室的辈分封官，提拔德高望重的元老大臣和李唐宗亲们，大部分人被封为三公、太尉、司徒、司空，一品官职，还有三师、太师、太傅、太保等职位，这样天下百姓也无话可说。自然，被提拔就是令人无法拒绝的事情，这一糖衣炮弹收服了李唐宗室的心。

第二步是怀柔，调整宰相班子。武则天将宰相班子里不属于自己势力的人划分出去，拉拢元老重臣刘仁轨，提拔其品级，让他留守长安都城。刘仁轨自小家境贫寒，但爱好学习。适逢隋朝末年的农民起义，他无法专心地读书，但每逢劳动之余，刘仁轨就伸出手指在空中或地上写写画画，来巩固所学的知识。后来，他以学识渊博而闻名。唐高祖武德（618～626年）初年，河南道安抚大使任瑰起草奏疏议论国事，刘仁轨看到那份草稿，替他修改了几句话。任瑰对他的才学感到惊异，于是赤牒（临时授官的一种文书）任命他为息州参军，刘仁轨因此正式进入仕途。不久后，刘仁轨被调为陈仓县尉。当时，折冲都尉鲁宁骄纵违法，历任陈仓县官都无法约束他。刘仁轨就职后，特地告诫鲁宁不得再犯，但鲁宁仍凶暴蛮横如故，于是刘仁轨用刑杖将他打死了。州里的官员将此事禀告朝廷，唐太宗愤怒地说："一个县尉竟打死了我的折冲都尉，这能行吗？！"把刘仁轨召进宫责问。刘仁轨回答："鲁宁侮辱我，我因此杀了他。"太宗认为刘仁轨刚毅正直，不仅不加惩处，反而提拔他为咸阳县丞。刘仁轨从高祖开国起入仕，历经两任皇帝，在朝廷是德高望重

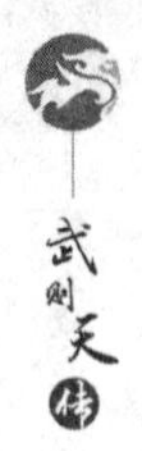


的元老重臣，还掌握着兵权，武则天对他十分畏惧，只能采取温和的方式将其支开。

同时武则天开始提拔岑长倩、魏玄同和刘齐贤，分别任命他们为兵部尚书、黄门侍郎和侍中。岑长倩早年父母双亡，由叔父岑文本抚养。由于没有较好的家世背景，他平时为人处世小心翼翼，总是三思而后行，说话也比较委婉，甚至有点柔弱。不过他非常勤奋，也很忠诚，所以受到武则天的喜欢。不过，他确实是一个非常软弱的人，总要站在强者的一边才能获得更多的安全感，有时为了活着不惜委曲求全。武则天却非常欣赏岑长倩的懦弱和才气。

魏玄同出身巨鹿魏氏，累任长安县令，迁吏部郎中。魏玄同明白自己的工作职责，也非常敬佩武则天的能力，经常上书给武则天和高宗，还会提出一些颇中肯的建议。武则天利用魏玄同对自己的肯定，升其为黄门侍郎，将他培养成自己的得力助手。

刘景先，本名刘齐贤，出生于官宦世家，少时才学过人，以方正闻名，唐高宗非常赏识他，官拜侍御史。乾封元年（666年），其父刘祥道病逝，袭父爵为广平郡公，高宗赐封他为晋州司马。后累迁黄门侍郎，修国史。永淳元年（682年）进同中书门下平章事（拜相）。亦有记载：弘道元年（683年）年底，唐高宗病重，命太子李显监国，裴炎“奉诏与黄门侍郎刘景先、中书侍郎郭正一并于东宫平章事”，协助太子处理日常政务。

当然，武则天没有忘记裴炎。在这关键时刻，裴炎将权力名正言顺地送给了自己，她当然要好好报答裴炎。武则天考虑了一下，决定将裴炎提拔为中书省的中书令，而且还将政事堂从门下省转移到中书省，加大了裴炎的权力。政事堂是集体办公的场所，此举令裴炎做事更加方便。当然，武则天这样做，更多的是为了削弱门下省的力量。

第三步是安内，掌管中央禁军。军队是国家的命脉，是政治的基石。为了掌握对禁军的控制权和统治权，武则天任命大将程务挺和张虔勖分别为羽林军左右统帅，负责洛阳的安保工作。程务挺年轻时跟随父亲程名振征战，以果敢有力闻名，被任命为右领军卫中郎将。调露元年（679年）十月，单于都护府东突厥首领阿史德温傅、阿史那奉职率部反唐，立阿史那泥熟匐为可汗，威胁唐朝北疆安全。十一月，礼部尚书兼检校右卫大将军裴行俭奉命率军出征，时任西军检校、丰州都督的程务挺率部相随。武则天将程务挺和张虔勖提拔为中央禁军的头领。这样一来，中央禁军的武装力量都由她控制了。

第四步就是攘外，加强地方控制。武则天派出了自己的嫡系部将进驻全国最为重要的军事重地和要点，分别派左威卫将军王果、左监门将军令狐智通、右金吾将军杨玄俭、右千牛将军郭齐宗去往并州、益州、荆州、扬州四大都督府，与府司共同镇守一方平安，严防地方暴乱。武则天四步走的效果是看得见的，可以毫不夸张地说，达到了国泰民安的效果。

利用短短二十几天的时间，武则天周密部署，安排得妥妥当当，所有的事情都在她的掌控之中。即便李显当上皇帝，也不会有大的作为。其实，在权力交接的最后一天，武则天才安排好心腹镇守四州，可见当时的时间非常紧迫。对权力的无限渴望，让武则天义无反顾地向前走。眼看李显就快坐上皇帝的位置，她必须与新皇帝展开正面交锋。

## 废黜李显

守孝期满后，李显正式登基，他坐上了梦寐以求的皇帝位置，改元为嗣圣。但是李显当了皇帝之后，才发现事情并不如想象中那么顺利。武则天已经牢牢控制了朝廷大局，所有的官员都是武则天的亲信，没有一个人是属于李显的。李显也曾想办法将一些大臣调换职位，但是没有理由的调职和降职肯定会让文武百官产生疑虑。一般来说，新皇帝登基，会提拔自己的亲信官员以巩固政权，不过很少会冒险去得罪大臣。李显很烦躁，但毫无办法。毕竟年轻沉不住气，几天之后，他便再也忍不住了。李显决定提拔自己的岳父，也就是韦后的父亲韦玄贞为刺史，还将韦后的一个远方亲戚提拔为宰相。

韦后出身贵族，不过空有名望却没有实权，也没有什么亲戚在朝廷中任职，所以并不能从政治上帮助李显。其实，李显娶韦氏也在武则天的计划之中，目的就是不希望李显凭

借外戚争夺皇权。武则天在给所有儿子选择妃子的时候，都会特别考虑这个问题。

李显在提拔了这两个人之后，还是没办法掌控朝廷大局，而且他的行为已经导致朝廷官员和李唐宗室的不满。武则天虽然掌控了朝廷大部分的权力，但她作为外姓人依然不敢怠慢李唐宗室，不断示好以笼络人心。而李显作为李唐宗室的继承人，却在当上皇帝之后提拔外戚，丝毫没有考虑到李唐宗室的感受。为此，李唐宗室和朝廷内外都对李显的做法颇有微词。这样一来，比起李显，他们更愿意相信武则天的能力。

李显登基之后，武则天按兵不动。她在等待时机，每天除了不断关注李显的动态，就是等待李显因为个性冲动而做错事。

相较武则天的冷静，年轻的李显完全失去了耐心，他自信地认为自己会慢慢摆脱武则天的控制。有一天，李显去找裴炎，想让他起草诏令，提拔韦玄贞为宰相，还想提拔自己奶娘的儿子为五品官。令他没有想到的是，裴炎拒绝了："不许。"听到这样的回答，李显很生气，问为什么不许。裴炎说，韦玄贞并没有为朝廷立下汗马功劳，也没有治理国家的能力，更没有做宰相的资历。当然，裴炎有自己的私

心——好不容易维护好的宰相班子不可能让外人介入。李显大怒说：“我以天下给韦玄贞，也无不可，难道还吝惜一侍中吗？”然后生气地走了。这句话是生气时说的，但是君无戏言，裴炎听后报告给武则天，武则天对李显的举动大为恼火。她再次询问：“此事为真？”裴炎再三强调这是真的，于是，武则天与裴炎商议，废黜李显，立李旦为皇帝。

听到这样的提议，裴炎十分高兴，自己的政治抱负终于要实现了。当然，废黜皇帝是一件大事，武则天提议这件事需要另外三个人从旁协助。第一个就是“北门学士”刘炜之。刘炜之颇有才气，谈古论今均有自己的见解，且为人很直率，说话干脆，处事圆滑，不会得罪人。而且刘炜之还是李旦的幕僚，如果立李旦为皇帝，那么用刘炜之是非常恰当的。武则天用的另外两个人就是程务挺和张虔勖，这两个人是中央禁军的首领。既然要废黜皇帝，那就免不了发动政变，兵权在手，就是胜算在握。

武则天打点好了一切，下令第二日上早朝。按照大唐的惯例，是单日上朝，双日不上朝，第二日是双日，原本是不上朝的。接到通知的大臣感觉有点奇怪，李显更是惊讶，自己贵为皇帝了，竟连上早朝的事情都是被通知的。但是武则天决定的事情没有任何改变的余地，尽管大家觉得奇怪和诧

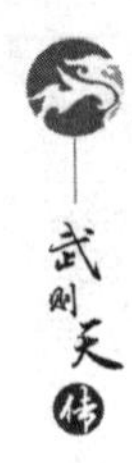

异，但次日还是按时上朝。

李显上早朝，武则天像往日一样坐在帘子后听政。李显发现大臣刘炜之不在，程务挺和张虔勖也不在，刚准备开口询问，就看见程务挺和张虔勖带着羽林军气势汹汹地走进大殿，裴炎随同而来。只见裴炎走到文武百官面前，拿出诏令开始宣读武则天旨意：“皇帝无道，今奉太后令，废皇帝为庐陵王。”宣读完毕，程务挺和张虔勖就上前把李显抓下来，朝门外拖走。李显完全不知道发生了什么，质问母亲，为什么抓他。武则天回答说：“你想把天下交给别人，这还算无罪吗？”李显哑口无言，只当了短短五十五天皇帝就被废黜了。

从上早朝到结束，在短短几分钟内，军队快速出击，在官员们尚未反应过来的时候，这次政变就结束了。成功废黜了李显，让李旦当皇帝，武则天对这个结果并不满意。她不想把权力交给任何人，但就目前来说，她还没实力称帝，于是，她开始想办法提携外戚，培养自己的势力。

## 重用外戚

一直以来，武则天与武氏家族的关系总是比较微妙的。她的童年是不愉快的，受尽家族的冷嘲热讽，从小的愿望就是出人头地，然后为母亲和自己争口气。但毕竟她是武氏家族的人，有些感情上的东西不能以自己的行为和意志决定。她姓武，这就注定了她要面对家族血缘关系。当然，这些家族情感都要放在理想后面。看目前的形势，武则天明白需要依靠外戚才能巩固自己的势力。毕竟在政治斗争中，血缘关系比亲信更可靠。但是，武则天又开始思考，武氏家族中有谁可以为自己所用呢？

早些年，武则天打压外戚，大部分武氏家族的人被流放到岭南，从那之后，武氏家族的人都知道武则天的狠厉。武元庆和武元爽的儿子武三思和武承嗣从小就跟着父母被流放，颠沛流离的生活让他们对武则天从内心感到恐惧。可以说，武氏家族曾经的矛盾在武元庆和武元爽这一代就和解

了，他们的儿子没有对抗过武则天，也就没有产生过不满情绪，只是对曾经的苦难感到畏惧。

于是，武则天决定将武氏家族的人重新召回。武则天明白，此举不可太过张扬，必须低调处理，所以她一开始给他们的官职并不高，而且升职的过程极其缓慢。但即便是这样，武氏家族对武则天的感激也是无以言表的，这让武则天松了一口气。她想，既然可以用金钱和权力收买外戚，那他们就可以为自己所用。

在武氏家族中，武则天最器重武承嗣和武三思。尽管这两人并没有什么过人的本领，但他们对武则天十分敬畏，办事也尽忠尽职。当年武元庆、武元爽有骨气，不屑于沾武媚娘的光，但不代表他们的下一代是同样的人。武元爽的儿子武承嗣一见到姑妈武则天，就跪地叩首，大呼姑妈是他的再造恩人。这就十分符合武则天的胃口了，她始终希望打击武家人，为自己的悲惨遭遇出口恶气。为了提携武承嗣，武则天还将曾追封给父亲武士彟的称号周国公给了他。

武则天不是没想过重用武承嗣，但她忘记了不是所有人都有她那被贵族女子教育出来的博学底蕴，以及天性中的刚毅和要强。武承嗣等人从小就过着颠沛流离的生活，即便念过一点书，也在多年的苦役中忘得一干二净，而且有姑妈撑

腰，他们更是不肯用功自强，只把所有的心思放在如何讨好武则天这件事上。侄儿们如此不争气，令后来的武则天大伤脑筋。武承嗣仗着姑妈的权势，行为愈发骄纵跋扈。

右补阙乔知之的婢女碧玉长得十分美丽，而且知书达理，深得乔知之的喜欢。武承嗣借口请这个婢女去教自己的妻妾梳妆打扮，结果强行将其纳为妾，不再让她回乔家。为此，乔知之还写了一首《绿珠篇》送给碧玉。碧玉看到这首诗后，只是大哭，茶饭不思，最后竟跳入井中自尽了。武承嗣非常生气，便找人虚构罪状诬告乔知之，还将其斩杀在南市，没收了他的全部财产。

武三思同样被武则天重用，但他跟武承嗣一样，毫无政治才能，只会阿谀奉承。一开始，武三思只是右卫将军，这个职位并不算高。不过，武三思和武承嗣两人拉帮结派的能力十分了得，得到武则天授意后，他们拿着权力和金钱不断贿赂拉拢朝中大臣，慢慢形成了以武氏兄弟为中心的党羽集团。武则天默许两人的做法，因为武氏家族势力越大，对自己越有利。

而在大臣看来，武则天任用外戚的企图再明显不过，显庆年间那个坚决杜绝外戚的皇后早已不在，由此可知此女的心机。虽然朝廷内外议论纷纷，但以武则天今时今日的地

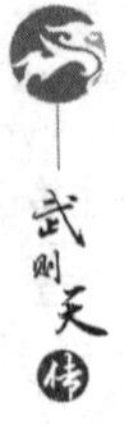



位，几句非议又能如何？她为自己的行为找了一个很合适的解释：不希望武家没有后代。

同时，武则天还起用了武懿宗、武攸暨和武攸绪等人。武懿宗的祖父是武则天父亲武士彟的兄弟。武懿宗性情残暴，骄横跋扈，没有什么才能。不过，因为他喜欢杀人，所以被封为神兵道行军大总管，多年在战场厮杀。而武攸暨是武氏族人中最儒雅的，才能也出众。武攸暨最初为右卫中郎将，武则天杀攸暨之妻以配太平公主。武攸暨娶太平公主后，授驸马都尉。累迁右卫将军，进封定王，又加实封三百户。此后又改封安定郡王，历迁司礼卿、左散骑常侍，加特进。神龙年间，拜司徒，复封定王，实封满一千户，武攸暨固辞不拜。寻而随例降封乐寿郡王，拜右散骑常侍，加开府仪同三司。武则天一直为武攸暨升官，还将心爱的太平公主嫁给他，就可以看出武则天对他是十分看重的。

武则天非常清楚，尽管开始起用武氏家族的人，而他们对自己也十分尊敬，但是，这些人本身的实力是堪忧的，没有优越的家庭环境，能力完全无法与李唐宗室匹敌。即便如此，武则天目前也只能靠这些外戚了，无法顾及其他。

# 第六章 太后称制

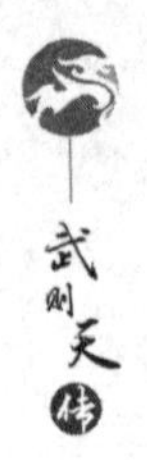


## 改旗易帜

嗣圣元年（684年），武则天废皇帝李显为庐陵王，改立李旦为皇帝，并临朝称制，裁决一切政事。她以李旦的名义改年号为文明，册封正妃刘氏为皇后、长子李成器为皇太子。而后，李旦便被软禁在皇宫中，不得预闻政事，过上了傀儡皇帝的生活。武则天提拔武氏族人，将武承嗣纳入宰相班子，又升武三思为兵部尚书，牢牢掌控军队。这样一来，裴炎势力受到牵制，而且没办法经常陪伴在武则天身边。紧接着，武则天改元为光宅，将东都洛阳改为了神都洛阳。

武则天临朝称制，裴炎的政治理想落了空。这时裴炎才意识到，自己只是武则天手中的一颗棋子。如今局势已定，他后悔不已。他对武则天不再像从前那样支持，两人的关系变得微妙起来。对武则天而言，如今她更担心的是裴炎分权。为了牵制裴炎的势力，武承嗣上书武则天，追封武氏祖宗，建立武氏七庙。

在古代，宗庙问题是国家大事。《左传·成公·成公十三年》云："国之大事，在祀与戎。"封建社会的规制是：天子七庙，诸侯五庙。只有皇帝才能为祖宗建设七庙，因此武则天此举引起了朝廷和裴炎的不满。但武则天坚持追封武氏祖宗，还建了七庙，同时将武氏家族男人封王，女人封王妃。如此为武氏家族分封权力地位的做法，也是在拉拢武氏家族的力量。朝廷内外虽说心有不满，但也只是私下议论，只有裴炎上书武则天，阻挡武则天追王祖祢。裴炎进谏道："太后母仪天下，不应偏私于亲属。难道太后忘了吕氏败亡的教训吗？"武则天道："吕后封生者为王，而我是在追尊死者，情形并不相同。"裴炎却认为应防微杜渐。裴炎借吕后的败亡告诉武则天不能临朝称制，不能破坏规矩立七庙，但武则天执意按自己的想法去做。此事之后，武则天与裴炎的矛盾激化，合作也彻底结束。两人从合作的关系开始成为敌对的关系。

在这一时期，武则天加快了对人才的控制和选拔，因为她需要笼络更多的人才为自己效力。唐朝沿袭了隋朝的科举制度，而这种先进的选官制度为唐朝带来了源源不断的新鲜血液。在高宗时期，武则天和李治就十分重视人才的选拔，尤其是武则天，她觉得只有不断笼络人，不断选拔人，才能

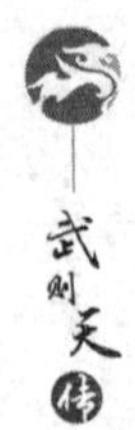



牢牢掌控权力。武则天通过各种途径扶植庶族地主官僚，从庶族地主中搜罗更多的人才，扩大其统治基础。如《大唐新语》所载："则天初革命，大搜遗逸，四方之士应制者向万人。则天御洛阳城南门，亲自临试。"成绩优异者，不拘资格，破格录用，任以要职。下令"内外文武九品以上及百姓，咸令自举"，准许官吏、百姓自荐，以免荐举有所遗漏。进一步发展以乡贡（贡举）为主的科举制度，不仅科目增多了，录取人数也大为增加，平均每年录取人数，比起贞观年间增加了一倍以上。而且还首创殿试制度，如天授元年（690年）二月，"太后策贡士于洛城殿，（贡士）殿试自此始"。另外，长安二年（702年），还"始置武举"，扩大了选官范围。武则天选官范围广泛，不免有滥竽充数，但确实选拔了不少贤才，如《新唐书》所说："太后不惜爵位，以笼络四方豪杰自为助，虽妄男子，言有所合，辄不次官之；至不称职，寻亦废诛不少纵，务取实材真贤。"这些贤才不仅是当时加强武则天统治的重要支柱，其中有些人还是后来辅佐玄宗"开元之治"的名臣贤相，如姚崇、宋璟等。武则天一朝号称"君子满朝"，娄师德、狄仁杰等著名的贤臣均在其列。陆贽说："（太后）课责既严，进退皆速，不肖旋黜，才能骤升，是以当代谓知人之明，累朝赖多士之助。”武则天选拔的人才越来越多，涵盖了各个阶层门第，对此，朝廷中难免有反对的声音。武则天又对选拔的人才进行了反复的筛选，采用就职观察、待位观察的方式，对这些人才进行划分。那些不符合职位、能力不足的人就停职。人员的不停调动让权力不停交替，这样就确保了权力不会被分散。

不仅如此，武则天还将大唐的红色旗帜改为银白色，再配以紫花。如此改旗易帜的行为震惊了天下，一些文人墨客、达官贵人对武则天的行为非常不满，有些甚至决定起兵谋反。

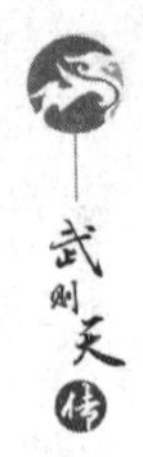



## 扬州叛乱

武则天掌权后，李唐皇族顿感威胁，大家心中都惴惴不安。正好眉州刺史英公李敬业（徐敬业）和他弟弟李敬猷（徐敬猷）、给事中唐之奇、长安主簿骆宾王、詹事司直杜求仁均获罪，李敬业被降职为柳州司马，李敬猷被免官，唐之奇被降职为括苍令，骆宾王被降职为临海丞，杜求仁被降职为黟县令。盩厔尉魏思温原先为御史后被降职。这些人在扬州聚会，大家都因为被罢黜官职而愤愤不平，以恢复庐陵王李显的帝位为借口密谋。

魏思温出谋划策，他安排薛仲璋请求奉命出使江都，又让韦超到薛仲璋处报告："扬州长史陈敬之想造反。"于是，薛仲璋逮捕陈敬之入狱。几天后，李敬业来到扬州，假称自己是扬州司马，前来赴任。他说："因冯子猷想要造反，奉命发兵讨伐。"于是，他命令士曹参军李宗臣到铸钱工厂把囚徒和工匠放出，并把盔甲发给他们。陈敬之被斩首后，录事参军孙处行因反抗也被处死，扬州其他官吏再也不敢违抗。

叛乱一行人改复年号嗣圣，设置匡复府、英公府、扬州大都督府。李敬业自称匡复府上将，任扬州大都督。唐之奇、杜求仁等人均有职位，魏思温为军师，骆宾王为记室，大半个月就召集了十多万士兵。

徐敬业让骆宾王写了著名的《为徐敬业讨武曌檄》，还把檄文发到各州县，大概意思是说：武氏不是温和善良之辈，而且出身卑下。她当初是太宗皇帝的姬妾，因更衣的机会而得以侍奉左右。到后来，不顾伦常与太子（唐高宗李治）关系暧昧。隐瞒先帝曾对她的宠幸，取得在宫中专宠的地位；选入宫里的妃嫔美女都遭到她的嫉妒，一个都没被放过；她偏偏善于卖弄风情，像狐狸精那样迷住了皇上。终于穿着华丽的礼服，登上皇后的宝座，把君王推到乱伦的丑恶境地。加上一副蛇蝎心肠，凶残成性，亲近奸佞，残害忠良，杀戮兄姊，谋杀君王，毒死国母。这种人为天神凡人所痛恨，为天地所不容。她还包藏祸心，图谋夺取帝位。皇上的爱子，被幽禁在冷宫里；而她的亲属党羽，却被委派以重要的职位。霍光这样忠贞的重臣，再也不见出现；刘章那样强悍的宗室也已消亡。

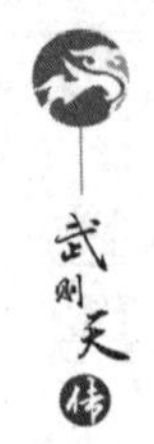

武则天看到了檄文，问："这是谁写的？"有大臣回答："骆宾王。"武则天说："这是宰相的失误，这人才华出众，却不得志，竟跟着反贼一起漂泊。"

徐敬业找到一个与李贤长得很像的人，对众士兵说："李贤并没有死，他逃亡到这座城里，就是他下令让我们起兵的。"于是，让假李贤号令天下。楚州司马李崇福率领部下积极响应，盱眙人刘行举据县反抗。于是，徐敬业派尉迟昭进攻盱眙。

不久，武则天任命左玉钤卫大将军李孝逸为扬州道大总管，李知士、马敬臣为副职，领兵三十万讨伐徐敬业。这李孝逸是唐太祖李虎曾孙，淮安王李神通的儿子，从小就聪明好学，有良好的文学素养。武则天称制后，李孝逸担任左玉钤卫大将军，深受亲遇。

魏思温劝徐敬业："如果你想恢复皇帝的权力，应该率领大军直奔东都洛阳，这样天下人都认为你是为了扶持天子，人们都会积极响应。"薛仲璋说："金陵有王气，又有长江的天险可守，不如先夺常、润二州，打下基础之后，再北上夺取中原，这样进可攻、退可守，是最好的策略。"魏思温说："崤山以东有志之士因不堪忍受武氏的霸权，心中愤愤不平，听说您起事，都自发准备粮食，举起锄头当武器，等待大军的到来。可以趁着这种形势立功，不要退缩，如果自己建造巢穴，人们听到消息，心就散了。”徐敬业没有听从，命令唐之奇守江都，自己率领士兵渡江攻打润州。魏思温对杜求仁说：“兵力合在一起则强大，分散则削弱，徐敬业不合兵渡过淮河，聚集山东的兵众以夺取洛阳，失败就在眼前了！”

徐敬业听说李孝逸率兵将至，从润州回军抵抗，屯兵高邮境内的下阿溪，派徐敬猷进逼淮阴，别将韦超、尉迟昭屯兵都梁山。李孝逸进军到临淮，偏将雷仁智与徐敬业交战失利，李孝逸有点害怕，按兵不动。

魏元忠对李孝逸说：“国家的危亡，在此一举。国家太平的日子已经很久了，如今一听说叛乱，全部人都认真地看着这个场景。现在大军长时间停滞不前，周围的人都很失望，万一朝廷再派将军替代你，你就没有理由逃避罪责了。”于是，李孝逸继续领军前进。

之后，武则天又任命左鹰扬大将军黑齿常之为江南道大总管，讨伐徐敬业。这时韦超据守都梁山，唐军诸将说：“韦超守都梁山，我们士兵确实没办法施展拳脚，骑兵也不能上前，如果强攻，我军士兵肯定伤亡较大，不如分兵包围，大军直取江都，这样就可以捣毁他们的巢穴。”薛克构

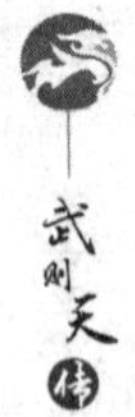



说：“尽管都梁山险要，但韦超兵力薄弱。现在多留士兵包围则前军兵力较弱，少留兵则终有后患，不如先攻打。只要攻下都梁山，淮阴、高邮就能不战而胜了。”魏元忠请求先攻打徐敬猷，诸将说：“不如先攻打徐敬业，一旦徐敬业战败，那徐敬猷可不战而擒。如果进攻徐敬猷，徐敬业就会出兵救他，我们就会腹背受敌。”魏元忠说：“不然。敌人的精兵都在下阿，若他们仓促来救援，只能依靠一战而胜，如果失败，就无法挽回大局。徐敬猷是赌徒出身，根本不熟悉军事，兵力又薄弱，军心也容易动摇，不如大军进攻，肯定能拿下。就算徐敬业想出兵救援，但路程上根本赶来不及。我军攻下徐敬猷，乘胜追击，即使有韩信、白起也不能抵挡。如今不先攻取弱者而急着去攻强者，不是上策。”李孝逸听从了他的意见，领兵攻打韦超，韦超趁夜逃走；进攻徐敬猷，徐敬猷只身逃跑。

徐敬业统兵凭借下阿溪固守。后军总管苏孝祥夜里带领五千人，用小船渡过溪水先发起进攻，结果兵败身死，士卒涉水时淹死过半。左豹韬卫果毅渔阳人成三朗被徐敬业俘虏，唐之奇欺骗他的部众说：“这就是李孝逸！”准备斩首时，成三朗大喊：“我是果毅成三朗，不是李将军。官军已大批到达，你们的覆亡就在眼前。我死后，妻子儿女蒙受

荣耀；你们死后，妻子儿女和家产都被抄没，你们最终不如我。”话音刚落，他就被斩首。

李孝逸等兵马相继到达，数战失利。李孝逸畏惧，准备撤退，魏元忠与行军管记刘知柔对他说：“现在正是顺风，且芦荻干燥，是火攻的好机会。”他们坚决请求决战。徐敬业布阵已久，士兵大多疲惫动摇，战阵不能整肃。李孝逸进击，乘风纵火，斩首七千级，徐敬业大败，淹死的士兵不计其数。徐敬业等轻装骑马逃入江都，带着妻子儿女投奔润州，准备从海路逃往高丽。李孝逸进兵屯驻江都，派遣诸将领追击徐敬业。

徐敬业到达海陵地界，被大风所阻，他的部将王那相砍下徐敬业、徐敬猷和骆宾王的脑袋向官军投降。余党唐之奇、魏思温都被捕获。斩首后，他们的脑袋被送往神都。扬、润、楚三州平定。

## 裴炎之死

武则天临朝称制彻底激化了其与裴炎的矛盾。没多久，武承嗣又建议武则天诛杀韩王李元嘉、鲁王李灵夔，以绝宗室之望。武则天询问宰相的意见，刘祎之、韦思谦都一言不发，只有裴炎极力反对。武则天更不高兴。不久，裴炎进爵为河东县侯。他打算趁武则天出游龙门，以武力劫持，逼她还政给唐睿宗李旦。但武则天因连日大雨，取消了出游的计划，裴炎的谋划未能成功。

扬州叛乱，那薛仲璋是裴炎的外甥。为求自保，裴炎不主张马上讨伐李敬业。武则天询问他怎么办，裴炎说："皇帝年纪已大，却不能亲自处理政务，所以他们找到借口（起兵）。如果太后将政权交还给皇帝，不用讨伐，叛乱也就平息了。"监察御史蓝田人崔詧听说这件事后，上书说："裴炎受高宗临终时嘱咐，大权都握在自己手里，如果他对您忠诚，为什么又让您把政权交出来呢？"于是，武则天下令审问裴炎，并将其下狱。裴炎坚决不服软，还说："宰相入狱，哪有委曲求全的道理。"

其实，裴炎从头到尾只是武则天手中的一颗棋子。一开始，武则天只是利用裴炎的权力和对自己的支持来与李显争夺权力，如今目的达到了，武则天对裴炎的态度就发生了根本的变化。裴炎早就知道自己是武则天手中的棋子，只是他没想到，自己会被抛弃得这么快。他想利用扬州叛乱来挽回局面，却不料为自己埋下了祸根。

裴炎被关入大牢之后，朝廷大臣们分为两派，一派是积极支持裴炎的，另一派则站在武则天这边。许多大臣为裴炎上书武则天。凤阁舍人李景谌认为，裴炎必定谋反。刘景先和凤阁侍郎义阳人胡元范都说："裴炎是社稷元臣，有功于国家，尽心侍奉皇帝，天下的人都知道，我们敢证明他不会谋反。"武则天说："裴炎谋反是有缘由的，只是你们不知道罢了。"他们回答说："如果裴炎算是谋反，那我们也谋反了。"太后说："朕知道裴炎谋反，知道你们不谋反。"文武官员中证明裴炎不会谋反的人很多，武则天都不听。没几天，连刘景先、胡元范也被捕入狱。程务挺得知裴炎被捕后，便上书武则天为裴炎请罪，武则天对此十分不满，加上程务挺和唐之奇、杜求仁的关系很好，有人便趁机诬告程务

挺，说他与裴炎和徐敬业暗中勾结，图谋犯上。武则天也想趁此机会剪除异己，便决定除掉程务挺。

没多久，朝廷中又流传起裴炎勾结徐敬业共谋叛乱的消息。原来，在扬州叛乱前，徐敬业想拉拢裴炎为内应，让骆宾王编了一首童谣在洛阳散播："一片火，两片火，绯衣小儿当殿坐。"裴炎听闻，便找人破解童谣，最终找到了骆宾王。骆宾王解道："'两片火'是个'炎'字，'绯衣'是个'裴'字，'小儿'是个'子'字，'当殿坐'表示昌隆，是个'隆'字。这首童谣就是说你裴炎裴子隆将会成为皇帝。"裴炎大喜过望，当即决定与徐敬业合谋造反。

后来，裴炎听闻徐敬业起兵，便给他写了一封信，结果被人截获。信中只有"青鹅"二字，群臣皆不解其意。武则天却用拆字法破解了密信："'青'字可拆分为'十二月'，'鹅'字拆为'我自与'，裴炎是在表示要在十二月于城中为内应。"

文明元年（684年），裴炎被斩首于洛阳都亭。

扬州叛乱之后，根据《唐统纪》的记载，太后召群臣谓曰："朕事先帝二十余年，忧天下至矣！公卿富贵，皆朕与之；天下安乐，朕长养之。及先帝弃群臣，以天下托顾于朕，不爱身而爱百姓。今为戎首，皆出于相，群臣何负朕之深也！且卿辈有受遗老臣，倔强难制如裴炎者乎？有将门贵种，能纠合亡命过徐敬业者乎？有握兵宿将，攻战必胜过程务挺者乎？此三人者，人望也，不利于朕，朕能戮之。卿等有能过此三者，当即为之。不然，须革心事朕，无为天下笑。”群臣顿首，不敢仰视，曰：“为太后所使。”

武则天在杀了裴炎、徐敬业和程务挺三人后，当然希望达到震慑效果。只有杀一儆百，才能确保今后的统治。至此，武则天的最高权力已经获得全面证明，而这才是武则天称帝的真正条件。

## 天授宝图

成功平定扬州叛乱之后，武则天已经雄霸天下了，朝廷之中再也没有人能与她抗衡，大家都不敢轻举妄动。不过，她并不打算坐太后这个位置，她有了称帝的打算。但碍于李唐宗室，她得找一个合适的理由。

当然，武则天必须依靠外戚，而这个时候，武承嗣主动站了出来。武承嗣常常通过闲聊来试探武则天的心意，也经常说一些登基称帝的话来与武则天听。武承嗣了然，现在的武则天只需要一个机会。于是，武承嗣找到一块光滑的大石头，让人在石头上凿出几个大字：圣母临人，永昌帝业。然后用朱红色颜料对这几个大字进行涂抹。一切工作完成之后，武承嗣又让人趁着夜色把石头放入洛水之中。一切就绪之后，他找了一个叫唐同泰的人，把这块石头送进宫献给武则天。

那天，武则天正在处理政务，却见武承嗣十分慌张地从大殿外跑来，大臣们都面面相觑，不知道怎么回事。武则天正想发火，却见武承嗣满脸喜悦地禀报：“昨天有人路过洛水，看见那里发出特别的光芒，我便安排人下去查看，结果从水里捞上来一块光滑无比的玉石，上面刻着‘圣母临人，永昌帝业’八个大字。”话音刚落，朝堂上炸开了锅。武则天心中大喜，但面上不动声色，她只是叫武承嗣把那块石头抬上来。很快，一块大石头就被抬入宫殿，石头上果然清楚地刻着“圣母临人，永昌帝业”八个大字。大臣们都上前围观，有人还好奇地摸了一下石头。这时武承嗣为武则天引见唐同泰，说这块石头是由他先发现的。武则天就问及来历，唐同泰连忙回禀：“臣傍晚从洛水而得。”

大喜过望的武则天急忙传谕旨，召集大臣上殿来品赏“宝图”。大家仔细辨认后，一齐跪拜在武则天面前说：“皇上啊，上天封赠您为圣母，您的帝业将千秋万世，永远昌盛。”有的说：“这是吉祥之物，是祥瑞，只有陛下您有这样的福分享受啊！”更有的言之凿凿：“这是上天的旨意，是昭告天下，太后您就是西天圣母，可建永昌伟业。”还有的说：“这是天命，天命不可违，望陛下尽早登基，昭告天下，统驭四海。”听得武则天暗自窃喜，心花怒放。

武则天喜得洛石，为自己加尊号圣母神皇，改“宝图”

为“天授圣图”；封洛水为永昌；封洛神为显圣侯，加特进；禁止在洛水打鱼垂钓。又因嵩山与洛水接近，所以封嵩山为神岳，授太师、使持节、神岳大都督、天中王，禁止在嵩山打猎放牧。

## 越王之乱

武则天暗中想要革命（即改朝换代），便开始清除李家宗室。绛州刺史韩王李元嘉、青州刺史霍王李元轨、邢州刺史鲁王李灵夔、豫州刺史越王李贞，以及李元嘉的儿子通州刺史黄公李撰、李元轨的儿子金州刺史江都王李绪、虢王李凤的儿子申州刺史东莞公李融、李灵夔的儿子范阳王李蔼、李贞的儿子博州刺史琅琊王李冲，在宗室中都以才干和德行而具有良好的名声，因此武则天尤其忌惮他们。李元嘉等人内心很不安，便暗中有匡复皇室的志向。

垂拱三年（687年）七月，李撰写信给李贞，隐讳地说："内人的病逐渐加重，应当尽快治疗。如果拖到今年冬天，恐怕就成了治不好的痼疾。"太后武则天将召宗室成员到明堂合祀先王，李元嘉说："神皇想要在举行盛大祭祀的关头，指使人告密，然后搜捕全部宗室成员，杀得一个不留。"李撰于是伪造了一道皇帝玺书给李冲，说："朕遭到

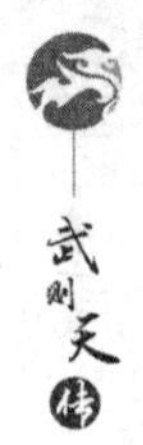



幽禁，诸王应当各自发兵，前来救朕。”李冲又伪造皇帝玺书说：“神皇想要转移李氏的社稷，转授给武氏。”李冲召长史萧德琮等人前来，让他们招募兵马，并分告韩王、霍王、鲁王、越王，以及贝州刺史纪王李慎，让他们各自起兵，共同直趋神都洛阳。武则天听说后，任命左金吾将军丘神勣为清平道行军大总管，带兵讨伐他们。

李冲招募到五千多士兵，想要渡过黄河直取济州。他先行出击武水，武水令郭务悌前往魏州求救。莘县令马玄素带兵一千七百人想在中途截击李冲，但害怕兵力不足，便进入武水，闭门拒守。李冲派兵推着载满干草的车辆堵住南门，纵火焚烧，想乘着火势突入城门。火点起来了，风向却变了，李冲的军队无法前进，因此全军泄气。堂邑人董玄寂作为李冲的部将带兵攻打武水。他跟人说：“琅琊王和朝廷交战，这是造反。”李冲得知后，杀了董玄寂示众，结果部众全都怕了，纷纷逃散入荒野，只有李冲自己的家僮和随从几十人还在，李冲只好跑回博州。李冲到博州城门，结果被守门士兵所杀。从李冲起兵到败亡，总共只有七天。丘神勣到了博州，州里的官吏身穿素服出迎，丘神勣竟然把他们全都杀了，被害的多达千余家。后来武则天下诏特赦博州。

越王李贞是唐太宗第八子，于贞观五年（631年）封汉王，贞观七年授徐州都督，贞观十年改封原王，不久又徙封越王，拜扬州都督，赐食邑八百户。贞观十七年，他转为相州刺史，并于贞观二十三年，加封食邑满一千户。唐高宗永徽四年（653年），他徙任安州都督，并于咸亨年间重新转为相州刺史。李贞少年时就善于骑射，也涉猎文史，兼有行政的才干。但他在任上偏听谗言，正直的部属大多被贬退。他又纵容自己的书僮欺侮部属，所以人们佩服他的才干，却鄙视他的操行。武则天临朝时，加授李贞为太子太傅，拜其为豫州刺史（唐代宗时为避讳改为蔡州）。

李贞在豫州时，多次上奏请求免去所部的租赋以收买人心。他有家僮千人，马匹数千，表面上说是为了围猎，其实是为了武备。他曾在城西水门桥游历，用水面当镜子照自己，却没看到脑袋，因而心里十分不安，没多久果然大祸临头。李冲是李贞的长子。他喜好文学，善于骑射，历任密、济、博三州刺史，任上都有能干的名声。

李贞即将起兵时，派使者去告知寿州刺史赵瑰。赵瑰的妻子常乐公主跟使者说："为我报越王，与其进不与其退。尔诸侯王若是男儿，不应至许时尚未举动。我常见耆老云，隋文帝将篡夺周室，尉迟迥是周家外甥，犹能起兵相州，连结突厥，天下闻风，莫不响应。况尔诸王，并国家懿亲，宗

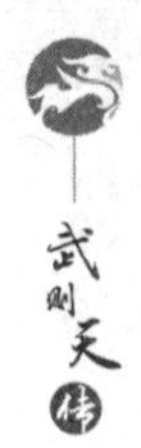


社是托，岂不学尉迟迥感恩效节，舍生取义耶？夫为臣子，若救国家则为忠，不救则为逆。诸王必须以匡救为急，不可虚生浪死，取笑于后代。”这是让使者给越王带话，说当年隋文帝将要篡夺周室时，尉迟迥只是周皇室的外甥，还能举兵匡救社稷。他虽然没有成功，然而威震海内，足以成为忠烈。何况你们诸王，都是先帝的儿子，岂能不把社稷放在心上！如今李氏危若朝露，你们诸王还不舍生取义，尚在犹豫不发，到底在等什么！大祸即将来临，大丈夫应当成为忠义之鬼，不能白白等死。李贞兵败后，赵瑰和常乐公主也都被诛杀。

当初，范阳王李蔼派人跟李贞和李冲说：“如果全国各地的封王不能同时起兵的话，事情一定不成。”诸侯王互相联结，但尚未决定时李冲就首先发难，只有他父亲李贞仓促响应。

李贞在豫州举兵，并派兵攻陷上蔡。他听说李冲兵败，很害怕，想要给自己戴上枷锁到宫阙谢罪。刚好他属下的新蔡令傅延庆招募到勇士两千多人，李贞于是向部众宣言说：“琅琊王已攻破魏、相等数州，有兵马二十万，马上就会过来。”于是征发下属各县的兵马，得到五千人，将全部人马分为五营。李贞自己负责中营，并署任他的亲信汝阳县丞裴守德为大将军、内营总管；赵成美为左中郎将，负责左营；间弘道为右中郎将，负责右营；安摩诃为郎将兼后军总管；王孝志为右将军兼前军总管。他又任命蔡州长史韦庆礼为银青光禄大夫，任他的府司马。他还署任九品以上官员五百余人。但所署官员都是受到胁迫，毫无斗志，只有裴守德和他同谋。

裴守德十分骁勇，善于骑射，李贞将要起事前，将女儿良乡县主嫁给他，署任他为大将军，把他当作心腹。李贞又让道士和僧侣为他诵经，保佑事成，他身边的随从和战士都佩戴辟兵的符咒。

武则天命令左豹韬卫大将军麴崇裕为中军大总管，岑长倩为后军大总管，带兵十万出讨；又命令张光辅为诸军节度。武则天还削去李贞和李冲的宗室户籍，将他们改为虺姓。麴崇裕等人率军来到豫州城东四十里的地方，李贞派他小儿子李规和裴守德出去抵御，结果他们溃败而归。李贞大为恐惧，关闭了楼阁自守。据说裴守德曾闯进楼阁，询问越王在哪里，想要杀了李贞为自己赎罪。麴崇裕等人来到城下时，李贞的家僮都尽力保卫他。李贞说："事情都到了这步田地，岂能再受杀戮的耻辱，应当为自己的身后打算。"因此喝下毒药自杀。家僮们这时才都逃散，放下兵器，束手就

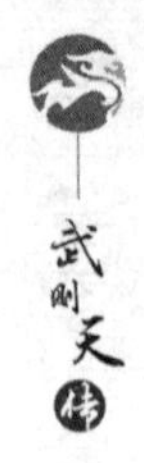

擒。李规将他的母亲绞死后自杀。裴守德带着妻子良乡县主也在另一个房间自缢身亡。朝廷将他们以及李贞、李冲父子全都斩首，把首级悬挂在东都宫阙下。从李贞起兵到败亡，只持续了二十天。神龙初年（705年），朝廷追复了李负的爵位和封邑，和李冲同时恢复了旧姓。

## 宗室凋零

李贞败亡后，武则天想杀了韩、鲁等诸侯王，因此命令监察御史蓝田人苏珦对他们的密谋进行调查。苏珦审讯了许多人后，没有发现明显的证据。有人诬告苏珦与韩王、鲁王他们串通，于是武则天召见苏珦责问。苏珦坚持他的判断，不肯更改。武则天说："爱卿是极为高雅的士人，朕有别的差使给你，这个案件就不劳爱卿了。"于是命令苏珦到河西监军，改派周兴等人审理此案。

周兴进士及第，精通律法，授河阳县令，迁尚书都事，仕途不顺。唐高宗去世后，周兴积极迎合太后武则天的政治需求，广泛罗织罪名，迫害宗室和大臣，累迁尚书左丞、刑部侍郎。

扬州叛乱让武则天感到一种威胁，于是她开始鼓励告密。当时的尚书都事周兴率先告密，晋升为秋官侍郎。周兴为了逼供，发明了很多残酷刑罚，让人看了就腿软。他经常

给人编织罪名，然后严刑逼供，要么把人在狱中折磨死，要么就斩杀其全家，此举让朝廷内外恐惧万分。当时的大臣们每天上朝前总是与家人说："不知道今天能不能回家。"自从酷吏兴起，李唐宗室死伤无数。

李元轨，唐朝宗室大臣，唐高祖李渊第十四子，母为张美人。他多才多艺，深受李渊宠爱。高宗去世时，李元轨和侍中刘齐贤主管陵墓事务。李元轨通晓陵葬事宜，刘齐贤叹息："他的才华真是我不能比的。"越王李贞兵败后，李元轨受连坐，流放黔州，载于槛车，路经陈仓而死。

李慎，唐朝宗室大臣，唐太宗李世民第十子，母为韦贵妃。永徽元年（650年），拜左卫大将军。永徽二年，任荆州都督，又任邢州刺史。他勤奋好学，擅长文史和观察星象。文明元年（684年），加授太子太师，转贝州刺史。后来，李唐宗室秘密谋划匡复李唐的事业，李贞伪造皇帝玺书，起兵欲推翻武则天，并通报给其他三王和李慎。李慎认为时机不成熟，不肯同谋。然而在李贞失败后，李慎还是被牵连下狱，临刑前被赦免，被武则天改姓为虺。

李上金，唐朝宗室大臣，唐高宗李治第三子，母为宫人杨氏。因为武则天厌恶他的母亲，连带也讨厌他。有人知道这件事，为迎合武则天心意而找了一个罪名削去李上金的官位与封邑，将他安置在澧州。载初元年（690年），武承嗣令周兴诬告李上金谋反，于是将他召回洛阳，交付御史台处置。李上金恐惧，自缢身亡。他死后，他的七个儿子流放显州，都死在当地，仅剩庶子李义珣存活。

李素节是唐高宗的第四个儿子，他母亲是萧淑妃。他从小就聪明伶俐，深得唐高宗的宠爱。武昭仪曾与萧淑妃争宠，相互诋毁。等到武则天成为皇后之后，萧淑妃遭到幽禁侮辱，最终被杀。武则天不时向唐高宗进谗言，于是李素节被外放为申州刺史。武则天的侄子武承嗣指使酷吏周兴罗织罪名诬告李素节与其兄泽王李上金谋反，武则天下诏勒令二人进京。李素节从舒州出发时，听见有人因遇丧事而痛哭，便对身边的人感叹说："病死何由可得，更何须哭！"随后，李素节行至都城南面的龙门驿，被绞杀而死，时年四十三岁。武则天下令以庶人礼节安葬李素节。

当然，李唐宗室中，并非所有人都被处死，比如李孝逸就免于处死。平定扬州叛乱后，李孝逸因战功卓著，升任镇军大将军，改任左豹韬卫大将军，改封吴国公。李孝逸平时就很有名望，自平定徐敬业的叛乱后，更是声望甚重，因此遭到武则天侄子武承嗣等人的深深忌恨。加上李孝逸本是李唐宗室，所以武则天对李孝逸逐渐失去了信任。垂拱二年（686年）冬天，武承嗣指使人诬告李孝逸，说他在益州时，曾自解其名字中的“逸”字，说：“逸字中有兔，兔是月亮中的东西。月亮既然靠近天空，当会有做天子的名分。”武则天念李孝逸往日有功于己，便减免他的死罪，将他流放到儋州。李孝逸到儋州不久，便含恨而死。

## 薛绍之死

太平公主是唐高宗李治与女皇帝武则天的小女儿，是唐中宗李显和唐睿宗李旦的妹妹，也是唐高宗和武后的最后一个孩子。唐高宗仪凤四年（679年），吐蕃派使者前来求婚，点名要娶走太平公主。武则天不想让爱女嫁到远方去，又不好直接拒绝吐蕃，便修建了太平观让她入住，以拒绝和亲。

城阳公主作为备受唐太宗宠爱的女儿，下嫁蔡国公杜如晦的次子襄阳郡公杜荷。贞观十七年（643年），杜荷因追随皇太子李承乾谋反失败而被赐死。唐太宗心疼守寡的爱女，又为她选择了被后世誉为“一门四主驸马房”的薛怀昱之子薛瓘为夫婿。而为了让城阳公主这一次的婚事再无缺憾，唐太宗特意令人占卜了一番。卜文显示：“两火俱食，始则同荣，末亦双悴。若昼日行合卺之礼，则终吉。”

龙朔元年（661年），城阳公主生下小儿子薛绍。也许是生产过程不太顺利，龙朔二年的时候城阳公主一度病危，李治令尚药局悉心医治公主，只要能让城阳痊愈，连换几十个名医也在所不惜。后来城阳听闻青龙寺的法朗禅师能够医治自己的病，便将之召来设坛持诵，果然很快便康复了。

病愈后，城阳不仅大肆赏赐了一番法朗禅师，还向李治上奏请求将青龙寺改为观音寺。李治见城阳大病得愈，欣喜之下自然应允。同时为了庆贺城阳的康复，李治又将薛瓘提拔为司宗正卿，年仅两岁的薛绍也被授予了从六品上阶的奉议郎的官衔。

薛瓘后来在麟德初担任了左奉宸卫将军一职，后因为城阳公主参与巫蛊，被贬为了房州刺史。巫蛊在古代是性质极为恶劣的事件之一，仅在唐高宗时期就有王皇后、陈王李忠因为巫蛊被废为庶人，甚至武后也曾经因为巫蛊差点被废黜后位。然而此次巫蛊事发后，城阳公主既没有被削去公主封号或者实封，也没有被幽禁，李治轻描淡写，只将驸马薛瓘贬为了房州刺史。

虽然城阳因为李治的偏袒没有受罚，但出于夫妻之情，城阳仍坚持随丈夫离京上任。其后李治仍然不忌讳巫蛊这一恶劣事件，选择了城阳公主的儿子薛绍娶自己的爱女太平公主为妻。婚礼之盛大奢华，用来照明的火把甚至烤焦了沿途的树木。为了让宽大的婚车通过，甚至不得不拆除了县馆的围墙。

永淳二年（683年）九月，薛绍与太平公主的长子薛崇胤出生，唐高宗还因此特别赦免了整个东都洛阳。虽然有唐一代，帝甥尚主乃国家故事，但李治偏偏只选择了城阳公主的儿子来迎娶自己最心爱的女儿，如此看重这段婚事，其中很大一部分原因便是他与城阳之间深厚的手足之情。

只不过唐高宗眼里的这段天作之合，从一开始就没有得到太平公主的生母武后的真心祝福。早在李治准备让外甥薛绍娶爱女为妻时，武后就表示了不乐意，只不过她不敢明着违拗丈夫的意思，而是找借口称薛绍的两个嫂嫂不是贵族出身。

这个理由明摆的是在鸡蛋里面挑骨头，近乎于胡搅蛮缠了，所以都不用李治亲自开口，就有人直接拆穿了武后的借口："薛顗的妻子萧氏是宋国公萧瑀的侄孙女，萧氏也是皇室的老牌联姻对象了。"这样的身份怎么可能不是贵族呢？至于薛绍的二哥薛绪的妻子成氏，虽不像萧氏那样出过显赫的高官，但作为翼城县男的妻子，连儿媳娶的都是李唐宗室

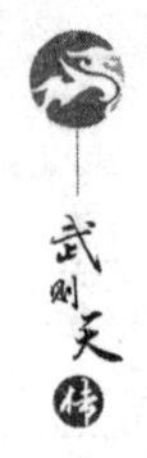


女河间王李孝恭的曾孙女，就更加不可能如武后所污蔑的那样会是个乡下女了。

眼见自己的意见被毫不留情地驳了回来，武后这才暂时消停下来。不过，就算对太平公主的这段婚姻怎么都看不顺眼，只要唐高宗还活着，武后也就只有暗暗咬牙咽下这口气。就像武后明明将老对手王皇后的堂兄王方翼视为眼中钉、肉中刺，可依旧无法阻止王方翼在李治活着时步步高升，平步青云；李义府、袁公瑜等人明明是武后得以登上后位的大功臣，却依旧流放的流放，杀的被杀。

所以好不容易熬到唐高宗驾崩，武则天借想要揽权的裴炎之手废黜了唐中宗，立了唐睿宗为傀儡皇帝，自己临朝称制后，立马就对女婿薛绍下手了。正好垂拱年间李唐宗室的韩王李元嘉挑唆越王李贞等人起兵反武，结果兵败身死，武则天在将李贞父子枭首示众后仍不解气，又命杨季昭去搜集薛绍的大哥薛顗谋反的证据，想要借机给薛氏兄弟安上个谋反的罪名。

谁知杨季昭不是个机灵人，愣是没有揣摩透武则天的意图，搜寻了一番后回报说找不到薛顗、薛绍谋反的迹象。武则天大怒之下将办事不力的杨季昭贬到了沙州。尽管没有任何证据，但武则天想要弄死薛绍的想法并不会就此打消，最后硬是诬蔑薛绍兄弟与李贞勾结，将他们都诛杀了。

终于处理掉了自己看不顺眼的女婿，武则天命人偷偷杀死了堂侄武攸暨的妻子，强行让太平公主嫁给了武攸暨。

# 第七章 女皇岁月

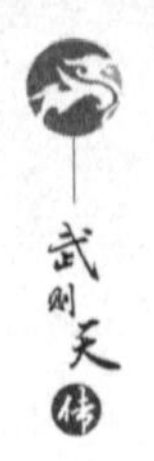



## 明堂登基

经历了半生的政治斗争后，武则天获得了君临天下的资本。一切准备就绪，只差舆论上的支撑，于是，她决定修筑明堂。所谓明堂，即“明正教之堂”，是“天子之庙”，象征着皇帝的权威由上天授予。西周时期，周公在洛邑建设了中国最早的明堂。明堂的主要意义在于借神权以布政，宣扬君权神授。从周朝开始，每个朝代都会建造明堂。东汉明堂为“上圆下方，八窗四闼，九室重隅十二堂”。后来的曹魏、西晋将东汉明堂修缮后继续使用。北魏因形制之争，又值世乱，终未建成。

隋朝修建洛阳城时就有建造明堂的计划，但未及施行。唐高祖受禅，天下尚未太平，明堂未建立。唐太宗之时，天下初定，明堂之事被提上议事日程。太宗追古制礼，但明堂规制已无章可循，此事终被搁置。唐高宗时期重议明堂方案，多费周折，但未来得及建造，高宗便一病不起，呜呼而

去。武则天继承高宗遗愿，在成为太后掌握权力以后，心里就有了复兴周朝的想法。复兴周朝，那么首都就应该建设在天下之中的洛阳，还应该建造明堂，表明皇帝是天命神授。

以往朝代的明堂建造在皇宫南三里到七里之间，武则天别出心裁，把明堂建造在皇宫之内。她任命白马寺和尚薛怀义作为工程的总监督，打算拆掉皇宫内的正殿乾元殿以修建明堂。乾元殿为唐朝洛阳皇宫紫微宫的正殿，是唐高宗显庆元年（656年）在隋朝乾阳殿的基础上建造的。乾元殿比明清太和殿还大。

薛怀义原名冯小宝，他之前在洛阳城中靠卖野药为生。这冯小宝身体魁梧，特别会说话，被一家豪宅的侍女看上了，成了侍女的情人。这个侍女的主人就是千金公主。这个侍女悄悄把冯小宝带到公主府幽会，结果被千金公主发现了。当时，千金公主正在想办法讨好武则天，于是把冯小宝送给了寡居多年的武则天。武则天看冯小宝身体强壮，便与他在宫中私通。为了防止其他人知道，又方便冯小宝出入宫廷，便让他削发为僧，还让他改名为薛怀义，与太平公主的丈夫薛绍为一族，并命薛绍认冯小宝为继父。从此，薛怀义引洛阳僧法明、处一等数人在宫内诵经。他出入宫廷乘着御马，以中官为侍从。武氏诸王及朝官见之以礼相让，称其为

薛师。

在薛怀义的指挥下，乾元殿被拆除，建成了辉煌壮观的明堂。隋唐洛阳城按“天人合一” 理念设计，皇城从东、南、西三面围宫城，“以象北辰藩卫”，南北轴线上的高大建筑均冠以“天” 字， 整个轴线可谓一字天。武则天对洛阳城的营建，改变了洛阳紫微宫中轴线主殿为单层的传统，紫微宫显得更加辉煌壮丽。隋唐洛阳城中轴建筑群中的“七天建筑”，是中国古代最高大、最华丽的中轴建筑群。明堂就位于隋唐洛阳城中轴建筑群中的制高点。

明堂，即“天宫”，亦名“含元殿”“通天宫”。紫微垣为天上星宿三垣的中垣，位于北天中央，故称中宫，传说是天帝居住的地方。隋炀帝营建洛阳时，仿照天上宫阙命名，洛阳城的宫城因此叫“紫微宫”。又因为天帝在紫微宫布政的宫殿叫明堂，即二十八星宿中的心宿，所以到武周时期，武则天一改周礼将明堂建在城南的传统，将明堂建在了紫微宫内，并且作为洛阳城的外朝正衙，呼应天上心宿星座，即“法紫微以居中，拟明堂而布政”。武则天建设的明堂开创了中国建筑从圆到方的先河，其形制及理念为明清时期北京天坛“祈年殿”所沿用。

明堂不仅规模宏大，而且是标新立异、时髦华丽之作。

武则天以独特的方式和创新精神建造明堂，一反过去拗于周制的复古传统和呆板四方的单层建筑模式，在内涵上继承了传统明堂“象天法地”的设计原则。唐洛阳宫明堂上圆下方的建筑形制，体现了天子的与天相通，象征性地表达了四时、十二时辰、二十四节气及四面八方、天人合一、天圆地方等宇宙时空观。

明堂建成后，武则天非常高兴。她在明堂颁布了诏令，修改文字，将“君”字修改成“𠺞”[1]。然后，她还发明了一个“曌”字，也就是日月当空的意思，她将这个字作为自己的名字。

武则天想做历史上从来没有过的女皇帝，这没有血统和理论的支撑，那就需要天人感应的支持，比如洛水出石这样的瑞兆。薛怀义也从旁协助，经过以他为首的和尚们的刻苦攻关，终于在浩如烟海的佛经里找到一部《大云经》，经里记载女主统治国家，最后又成佛。这就为武则天当皇帝提供了经典依据。但是，薛怀义并没有就此止步，为了普及《大云经》，他又带领一帮和尚炮制了解释经典的《大云经疏》，用通俗易懂的语言对晦涩的经文加以演绎阐发，并和

[1] 由“天”“大”“吉”合成。

当时流行的弥勒信仰结合起来，称唐宗室衰微，太后就是弥勒下生，必定取代唐朝的统治，从而为武则天提供了对抗儒家男尊女卑理论的思想武器，助她名正言顺地登上皇位。

载初元年（690年）九月，有位叫傅游艺的人出来请愿，率关中百姓九百余人诣阙上表，请改国号曰周，赐皇帝姓武氏。太后不许，擢游艺为给事中。于是百官及帝室宗戚、远近百姓、四夷酋长、沙门、道士合六万余人，俱上表如游艺所请。李旦迫于形势，也上表请母后赐武姓。

不久后，群臣上言："有凤凰自明堂飞入上阳宫，还集左台梧桐之上，久之，飞东南去；及赤雀数万集朝堂。"于是，武则天应允了皇帝和群臣的请求，改国号为周，改元为天授。上尊号曰圣神皇帝，以皇帝为皇嗣，赐姓武氏。至此，武则天终于称帝，开始了她的女皇岁月。

## 酷吏治国

武后专擅朝政，引起了激烈的反对，甚至有人付诸军事行动。虽然徐敬业及部分李唐宗室起兵讨伐武则天不过昙花一现，但是足以说明朝野上下对武则天独揽大权不服气。其实在朝内，反对武后专政的也大有人在，其中宰相裴炎要求武则天还政于唐睿宗就可见一斑了。

为了打压反对派，武则天实行特务统治，钳制言论，鼓励告密，刻意地制造恐怖气氛，使朝野上下人人自危。武则天重用酷吏，落入他们手中的人无不被折磨得死去活来。武则天利用这帮人打压反对派，将反对她的宗室大臣清洗一空，扫清了她稳固权力道路上的一切障碍。

臭名昭著的索元礼、周兴、来俊臣和侯思止等酷吏是武后专政时期的产物，他们的事迹在史书中有专门的介绍。其实，酷吏并非武则天的发明，从秦汉到明清，酷吏一直受到专制统治者青睐，这些品格低下、心狠手辣、无底线的家伙

被专制统治者视为巩固政权最好用的工具。虽然特务统治的始作俑者不是武则天，将酷吏治国推向高潮却是在武则天时期，其中来俊臣与周兴最具代表性。

武曌时代的亲历者张鷟，在他的私人笔记《朝野佥载》中讲述的一个故事很能反映当时的恐怖气氛：羽林军在一起喝酒，其中一个人借着酒劲儿醉醺醺地抱怨说，早知道拥立那个傀儡皇子没有功赏，还不如扶植被废的庐陵王。宴会上的一个人听到这句话后，立刻跑去告发。酒席还没散，抓捕的人就已经到场。告发的人被授予五品官衔，抱怨的家伙掉了脑袋，而那些听到了这句话却没有及时告发的人都被绞死。

为了鼓励互相告发，武则天在神都洛阳的中心立了一个铜匭。这个分为四格的盒子是她用以监视那些反对声音的告密箱。铜匭的发明者是侍御史鱼承晔的儿子鱼保家。徐敬业谋反时，鱼保家为徐敬业制造刀车及弩，等到徐敬业兵败后，鱼保家没有受到牵连。在他献上铜匭后，他的仇家向铜匭中投书，举报了鱼保家为徐敬业制造兵器的事，于是鱼保家伏诛。

索元礼是武则天时期著名的酷吏。他是一个胡人，是薛怀义的干爹。他生性残暴，总是做诬陷他人的事情，可以说

死在他手里的人不计其数。

酷吏索元礼有了名气之后，酷吏纷纷涌现，其中就有与之齐名的来俊臣，二人被合称为“来索”，即“来逮捕”的意思。两人不仅臭味相投，还联手发明了数种枷刑：定百脉、突地吼、反是实、死猪愁、求破家等。武则天得知有人告密，就让索元礼审理。索元礼抓住囚犯，每每先让他们看那些恐怖的刑具，令他们战栗恐惧，被迫自诬。来俊臣和司刑评事万国俊还合编了一套刑讯逼供的教材，取名《罗织经》，让他们的手下网罗无辜、罗织罪状。

在武则天的扶持下，索元礼等酷吏十分狂妄。但武则天之所以重用酷吏，其实都是为了打击政敌，巩固自己的政权。政敌被杀、政局稳定之后，武则天对酷吏的态度便由重用变成了打压。酷吏也很快走上了灭亡的道路。

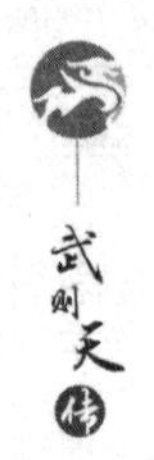



## 知人善用

残暴的酷吏统治造成的冤假错案太多了，武则天也慢慢听到百姓的一些怨言。于是，她开始巧妙操控局势，一方面利用酷吏铲除异己，并把过错全部记在酷吏身上；另一方面彰显自己的仁厚，适时放大臣一马。如此恩威并施，震慑潜在的敌对势力。

冯敬同投状密告魏州贵乡县县尉颜余庆曾与起兵被杀的李冲串通谋反。武则天吩咐酷吏来俊臣审理这个案子。颜余庆被逮至长安后，来俊臣逼迫颜余庆承认是李冲谋反同党。来俊臣当然知道武则天想要什么，为了邀功，他用各种手段逼迫颜余庆。尽管颜余庆大喊冤枉，但在严刑逼供之下，只得认罪写了供状。武则天看了供词后，便让来俊臣将此案转交司刑寺正式判刑。

当时，徐有功在司刑寺担任司刑丞。当他认真阅读案卷之后，觉得颜余庆虽然认罪了，但罪证不足。虽然徐有功与颜余庆并不认识，更没有什么关系，但是徐有功坚持法律的公正、公平和无私。他查阅武则天颁发的《永昌赦令》，看见“魁首”和“支党”字样，笑着说：“我为什么不这样做呢？”当他审判颜余庆案件时，便引用了《永昌赦令》，判颜余庆为李冲谋反案的“支党”，流放三千里，让颜余庆免去死罪。这一做法让来俊臣感到愤怒，御史魏元忠还直接上奏武则天，请求处死颜余庆家族，得到了准奏下敕。

但徐有功依旧坚持公正执法。他硬着头皮向武则天强谏：“请陛下对颜余庆一案再斟酌定案。颜余庆与李冲虽然认识，就算他替李冲收私债，又通书信，但陛下已发布的《永昌赦令》中有李冲、李贞同恶，魁首并已伏诛之说，可见李冲谋反案的魁首早已全部法办。按颜余庆的供状分析，他也只是一个漏网的支党而已。因此根据赦令应免其死罪，改判流刑。假如赦而复罪，又如何面对天下人？我圣朝决不能这般行事。”

武则天看见他竟然当众反驳她下的敕令，更是十分愤怒：“那你说说，什么才是罪魁祸首？”徐有功冷静地回答：“魁是大帅，首是原谋。”武则天又怒着问：“颜余庆难道不是魁首？”徐有功又答：“若是魁首，他早应在李冲被杀时就该伏法了，赦后才发觉，可见只是个支党而已。”

武则天越来越生气："他为李冲征私债、买弓箭，还不是魁首是什么？"徐有功又回答："虽然征债是事实，但买弓箭与颜余庆根本没关系。"武则天很生气地说："二月征债，八月通书，难道他们还不是同谋？"徐有功仍平静地说："根本就没有查获他们的书信，只有口供，而且口供也只承认他与李冲认识。征债、通书也仅算支党行为，称不上罪魁祸首。"看见徐有功有理有据，武则天也慢慢觉得他有着非一般官员的勇气和见识，便生出爱才之心，愤怒也慢慢平息了。她缓和了语气说："公更思之。"意思就是让徐有功退下去再考虑考虑。

颜余庆最终得以免去死罪，改为流放。徐有功举明经入仕，最初为蒲州司法参军，即助理法官。在三年任期中，他已显露出宽仁的一面，从不轻易动用刑讯与杖刑，因此得到了"徐无杖"的名号。徐有功也是因为这一名声被累迁至司刑丞。在酷吏统治，冤假错案丛生的时代，他敢直言进谏，不仅受到了百姓的爱戴，更受到武则天的敬重。徐有功在司法任上曾三次被判死罪，泰然不忧，最后都被赦免（第三次改为流放）。但武则天在坐稳帝位后，又将流放在外的徐有功召回，让他担任司刑寺少卿。

## 平和政策

武则天意识到天下百姓对酷吏产生了极度不满的情绪，于是为了树立贤君的形象，开始实行缓和的政策。

苏良嗣，唐朝宰相，巴州刺史苏世长之子。唐高宗曾派宦官到长江沿岸采办奇异竹木，打算移植到御苑中。这些宦官征用船只运竹，到处仗势欺侮百姓，结果在荆州被苏良嗣扣押。苏良嗣上疏进谏道："为取得远方奇异物品，骚扰沿途百姓，恐怕不是圣人爱护百姓的本意。小人擅自耍弄威权，也有损皇帝圣明。"唐高宗对武则天道："我约束不严，果然被苏良嗣责怪。"于是抚慰苏良嗣，让他将竹子全部投入江中。

垂拱元年（685年），苏良嗣拜相，担任纳言，封温国公，并出任西京留守。当时，尚方监裴匪躬负责管理京苑，建议贩卖京苑中的蔬果为朝廷谋利。苏良嗣对此提出异议，并引用春秋时期鲁国相国公仪休的典故，指出朝廷不宜和农民争利。

苏良嗣担任宰相时，曾在朝堂遇到武则天的男宠薛怀义。薛怀义傲慢无礼，苏良嗣大怒，命随从拽住薛怀义，扇其耳光。武则天得知后，告诫薛怀义道：“你应该从北门出入，南衙是宰相往来之地，你不要去冒犯。”

载初元年，苏良嗣被罢去文昌左相之职，加拜特进，仍授凤阁鸾台三品。是年三月，宰相韦方质遭酷吏陷害，因素与苏良嗣不睦，便加以攀诬。武则天却特意保全苏良嗣。苏良嗣受此惊吓，惶恐不已，拜谢时晕倒在金殿上，被送回府邸，当日便死于家中，时年八十五岁。这件事让酷吏感觉到武则天不再像以前那样听信他们的话。其实，武则天心中了然，酷吏只是自己手中的棋子，永远只有自己摆布他们，他们手中的权力也是自己给予的。

苏良嗣死后，武则天废朝三日，命百官前往吊唁，并在观风门举哀，追赠他为开府仪同三司、益州大都督。不久，苏良嗣之子苏践言被酷吏陷害，流配岭南。武则天不是很了解苏践言，对他也没有什么感情，但她还是选择放苏践言一条生路。

武则天对苏践言的免死，并非完全因为顾念苏良嗣的旧情，而是她自己也明白，依靠酷吏统治的手段很快就不适宜了。武则天也不会再像以前那样放任酷吏滥杀大臣了。

## 惩处酷吏

武则天在彻底扳倒所有敌对派之后，开始意识到需要重新整顿朝纲，想办法除掉酷吏。但毕竟起用酷吏的也是自己，如何不露痕迹地除掉这些酷吏呢？她想了很多方法。

天授二年（691年）初，酷吏丘神勣被处死，有人告周兴与丘神勣同谋，武则天命来俊臣审问周兴。来俊臣于是请周兴吃饭，问道："囚犯如果硬是不认罪，该怎么办才好？"周兴大笑说："这太容易了，把犯人放到瓮里，四周燃起炭火。"来俊臣派人找来一口大瓮，按照他出的主意用火围着烤，然后站起来说："来某奉陛下圣旨审查于你，请君入瓮吧！"周兴见大事不妙，磕头求饶，表示愿意招认。按律，周兴当处死刑，武则天赦他一死，命改判为流放岭南。周兴在路上被仇家所杀。

接下来，武则天又开始想办法惩处来俊臣。来俊臣是武则天得力的酷吏之一，他在审理武则天交办的案子时，凡有

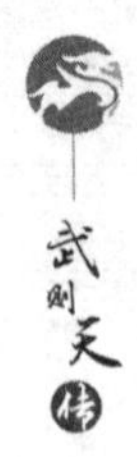



不合他心意的，便对犯人实行株连，长幼都要连坐，一杀就是千余家。满朝文武大臣噤若寒蝉，没有敢说话的。他与自己的亲信侍御史王弘义、侯思止一起，专门诬告那些士大夫们，不论是春季还是夏季，杀人不断。当时在丽景门（也称新开门）内设置了监狱，只要进入其中，一百人里也难活下来一个人。王弘义则把丽景门戏称为例竟门，意思是说凡是进入此门的人，小命都得完蛋。

来俊臣屡犯贪赃罪，又仗势贪求女色，官民妻妾有漂亮的，他就千方百计夺取。有时，他指使人罗织罪名告发某人，然后假传武则天命令夺取其妻妾。

来俊臣一向与河东人卫遂忠有不错的情谊。有一天，卫遂忠喝醉酒之后，去了来俊臣家。当时，来俊臣正在家里大摆宴席，守门人却谎称主人不在家，卫遂忠于是闯入屋里，当众把来俊臣骂了一顿。来俊臣非常生气，当即叫人把卫遂忠绑了起来，不过后来又放了他。就这样，两人结下了梁子。

后来，来俊臣想编造罪名诬陷武氏诸王和太平公主，还想诬告皇嗣李旦及庐陵王李显与南北衙禁卫军一同谋反，希望可以借此获得权力。结果，卫遂忠告发了他。武氏诸王和太平公主也非常惧怕，于是一起揭发来俊臣的罪行，请求将其关进监狱，判处死刑。武则天却想赦免他，迟迟不批下处死的奏章。王及善说：“来俊臣生性凶残，十分贪婪，简直就是朝中的大恶人，不处死此人，定然对朝廷不利。”武则天在皇宫里游览时，向吉顼询问宫外的事情，吉顼说：“宫外的人好奇为什么来俊臣还不死。”武则天说：“来俊臣对朝廷有功，我正在思考这件事。”吉顼说：“于安远告李贞谋反，后来李贞真的反了，（有这样的功劳）于安远现在只任成州司马。来俊臣做了很多违法乱纪的事情，诬陷忠臣，贪污了许多财物，被他害死的人的冤魂多得铺满了路，他就是危害朝廷的人，没什么好可惜的。”于是武则天批准处死他。

万岁通天二年（697年），来俊臣被斩于闹市，并陈尸示众。天下百姓都非常恨他，争着去剐他的肉，很快就把他的肉割完了。武则天得知来俊臣在民间如此受人痛恨，于是下诏谴责他的罪恶，说：“应该诛灭他全家，这样才可以平息百姓的愤怒，还要抄了他的全部家产。”来俊臣死后，所有的人都在庆祝，他们说：“以后每天晚上都可以睡个安稳觉了。”

这件事后不久，武则天对左右的侍臣说：“过去周兴、来俊臣等人审理诏狱，朝臣的证词都互相印证，于是他们都

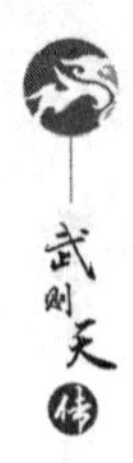

被判反逆，国有国法，朕岂能违抗。朕曾怀疑其中有枉法恣肆，便让近臣到狱中亲自查问，都得到罪犯的手状，他们都承认自己有罪，朕于是不以为疑，判处了他们。但是自从周兴等被处死之后，朕很少再听说有人谋反，难道说以前处死的人是有被冤枉的吗？”夏官侍郎姚元崇说：“自垂拱以来，大多数被处死的朝臣都是被周兴等人诬陷的。陛下让近臣前去查问，可这些人没有自保的力量，还敢说别的吗？今日之后，臣以微薄之身保证再无反者，如有，臣愿意承担知而不告之罪。”

武则天听了之后非常高兴：“朕几乎被蒙骗走入淫刑之君的行列，卿今日的话正合朕意。”散朝后，武则天给了他很多赏赐。武则天审时度势，不失时机地杀了酷吏中的头目。这些人为建立大周功不可没，可是当她不需要他们的时候，便一脚踢开，将杀人的罪过都推到他们身上，洗清了自己。如此一来，满朝文武对她不但不怨恨，还有些感恩戴德呢。

## 善用贤相

武则天一直十分重视人才。从“二圣临朝”时期开始，她就开始提拔能臣，长寿元年（692年）开始，更是启用“试官”制度——先给想当官的人一个职位，以试其才能。因此，武则天时期涌现了一批名臣，如狄仁杰、魏元忠、姚崇、娄师德等。

娄师德和狄仁杰虽都为贤臣，但两人的关系极其微妙。武则天善于在其中调和两人的关系，同时重用他们，为这一时期的社会稳定与经济良好发展奠定了基础。

娄师德是一位贤德的宰相。他的弟弟被任命为代州刺史，临行之时，娄师德问道：“我是宰相，你也担任州牧，我们家太受荣宠，会招人嫉妒，应该怎样才能保全性命呢？”弟弟道：“今后即使有人吐我一脸口水，我也不敢还嘴，把口水擦去就是了，绝不让你担心。”娄师德道：“这恰恰是我最担心的。人家朝你脸上吐口水，是对你发怒。你

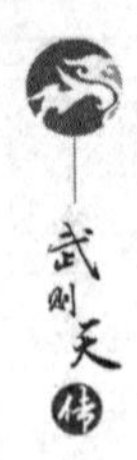


把口水擦了，说明你不满，会使人家更加愤怒。你应该笑着接受，让唾沫不擦自干。”

娄师德曾推荐狄仁杰担任宰相。狄仁杰拜相后，对此丝毫不知，反而屡屡排挤娄师德，将他放了外任。武则天问狄仁杰：“娄师德贤明吗？”狄仁杰道：“他担任将领谨慎守职，但是否贤明，我就不知道了。”武则天又问：“娄师德知人吗？”狄仁杰道：“臣曾与他同僚，没听说过他知人。”武则天道：“我用你为宰相，就是娄师德举荐的，看来他确实知人啊！”然后拿出当初娄师德举荐他的奏章。狄仁杰大惭，叹道：“娄公盛德，我被他宽容相待却不知道，我远不及他啊！”

其实，狄仁杰堪称武周时期的贤相，他还曾向武则天大力举荐人才。武则天曾问狄仁杰：“朕希望能找到一位杰出的人才委以宰相重任，您看谁比较合适？”狄仁杰答道：“如果您所要的是文采风流的人才，那么宰臣李峤、苏味道便是最合适的人选。但若您一定要找出类拔萃的奇才，那就只有荆州长史张柬之了。张柬之年纪虽老，却有宰相之才。”武则天遂提拔张柬之为洛州司马。后来，武则天又让狄仁杰举荐人才。狄仁杰道：“我此前推荐的张柬之，您还没有任用呢。”武则天道：“我已经给他升官了。”狄仁杰

道："我所推荐的张柬之是可以当宰相的人才，不是用来做一个司马的。"武则天于是任命张柬之为秋官侍郎，不久又拜其为宰相。

狄仁杰内举不避亲。武则天曾命几位宰相各自举荐一人为尚书郎，狄仁杰便推荐自己的儿子狄光嗣。狄光嗣因此被拜为地官员外郎，而且非常称职。武则天赞道："您可以和内举不避亲的祁奚相比了。"不仅如此，他还外举不避仇。狄仁杰早年被贬官时，路经汴州患病，想留住半天治病，结果被开封县令霍献可勒令当日离境。狄仁杰贬谪彭泽时，霍献可已为御史，又当庭叩首苦谏，极力请求诛杀狄仁杰。后来，狄仁杰回朝复相，却举荐霍献可为御史中丞。

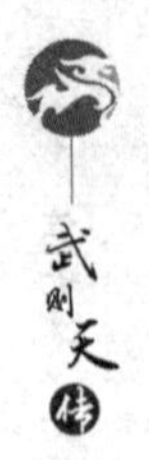



## 上官婉儿

实施广纳人才措施之后，朝廷慢慢恢复了正常运转，大臣们上朝也不再小心翼翼。武则天提拔了各类人才，笼络在身边，除了娄师德和狄仁杰这样的贤明大臣，还有一位重要的女人，那就是上官婉儿。

上官婉儿的祖父上官仪因替高宗起草废武则天的诏书，与上官庭芝一起被武则天处死，刚刚出生的上官婉儿与母亲郑氏同被配没掖庭。相传，上官婉儿将生时，母亲郑氏梦见一个巨人，给她一秤道："持此称量天下士。"郑氏料想腹中必是一个男孩，将来必能称量天下人才，谁知生下地来，却是一个女儿，郑氏心中甚是不乐。这婉儿面貌美丽，胜过她母亲，且自幼聪明伶俐。出世才满月，郑氏抱婉儿在怀中戏语道："汝能称量天下士么？"婉儿咿呀呀地相应。后来婉儿专秉内政，代朝廷品评天下诗文，果然"称量天下士"。

在掖庭为奴期间，在其母的精心培养下，上官婉儿熟读诗书，不仅能吟诗著文，而且明达吏事，聪敏异常。仪凤二年（677年），武则天召上官婉儿入宫，当场命题，让其依题著文，上官婉儿须臾而成。武则天看后大悦，当即下令免其奴婢身份，让其掌管宫中诏命。从万岁通天元年（696年）❶开始，又让其处理百司奏表，参决政务。

扬州叛乱时，骆宾王写了《为徐敬业讨武曌檄》。上官婉儿从宫人手中得到此檄文，因之文采飞扬，爱不释手。在与武则天交谈中，上官婉儿讲出要爱护人才的话，招致武则天不满。

上官婉儿在诗词方面继承和发扬了祖父上官仪的文风，重视诗的形式技巧，对声辞之美较为看重，擅长体现事物图貌的细腻、精巧。中宗年间，因其政治地位的影响，“绮错婉媚”的诗风逐渐影响了宫廷诗人乃至其他士人的创作方向，“上官体”也成为上流社会的创作主流。王梦鸥在《初唐诗学著述考》中记载：“尤以中宗复位以后，迭次赐宴赋诗，皆以婉儿为词宗，品第群臣所赋，要以采丽与否为取舍之权衡，于是朝廷益靡然成风。”

---

❶ 出自《景龙文馆记》，《旧唐书》为圣历年。

上官婉儿设立修文馆，广召当朝词学之臣，大力开展文化活动。上官婉儿在这期间主持风雅，与学士争务华藻，写诗赛诗，对文人提拔奖掖。近代文艺理论家谢无量称“婉儿承其祖，与诸学士争务华藻，沈、宋应制之作多经婉儿评定，当时以此相慕，遂成风俗，故律诗之成，上官祖孙功尤多也”。

此外，上官婉儿还在开拓唐代园林山水诗的题材方面多有贡献，如《游长宁公主流杯池》，突破了以往写景状物的宫廷诗歌形式，寓情于景，却更具有自然山水味。清代文人陆昶在《历朝名媛诗词》中称赞道：“昭容才思鲜艳，笔气舒爽，有名士之风。”

# 第八章 退位去世

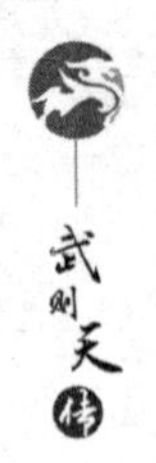



## 再用李显

武则天称帝后，以其子李旦为太子。但武承嗣瞄准了太子这个位置。他懂得，只有先当上太子，将来才能当上皇帝。他不断派人向武则天游说、乞请，同时极力讨好武则天及其宠臣，谋求争得他们的支持和赞同。

天授二年（691年）九月，武承嗣唆使数百人同时上表，请立他为太子。王庆之多次求见，甚至以死相求，表示既然武氏当了皇帝，就不该立李氏子孙为皇嗣。但宰相岑长倩、格辅元极力反对。于是，武承嗣派酷吏来俊臣诬陷岑长倩、格辅元，说他们和司礼卿兼判纳言事欧阳通等数十人谋反。没过多久，岑长倩、格辅元等十多人全部被斩杀。

长寿元年（692年），大臣李昭德奉命杀了王庆之，然后表示武承嗣既是亲王又是宰相，本来就有权有势，建议罢免了他的宰相职务。于是，武承嗣和来俊臣等开始盯准李昭德，诬陷其罪名，将其流放并杀害。

长寿二年（693年），武承嗣召集几千人上表，请武则天加尊号“金轮圣神皇帝”。延载元年（694年），武承嗣又召集几万人，请加尊号“越古金轮芒神皇帝”。对此，武则天非常高兴，并大赦天下。

后来，武则天先后宠幸薛怀义、张易之、张昌宗。而这些被武则天宠幸的人，都被武三思兄弟尊为上宾。就这样，武则天十分信任武承嗣，她觉得武承嗣讲的很有道理，不可立外姓人为太子。所以，她在立子、立侄为太子问题上，长时间陷入犹豫之中。后来，武则天想立侄子武三思为皇太子，开始询问宰相们的意见。

听到武则天的询问，狄仁杰说：“我看天下百姓都还思念唐朝，如果要立太子，肯定非李显不可。”武则天非常生气。后来，武则天梦见一只大鹦鹉，结果鹦鹉的翅膀全部断了。武则天觉得奇怪，便让狄仁杰解梦。狄仁杰说：“武是陛下的姓氏，两翼是指二子。陛下现在只有庐陵王、相王二子，只要起复二子，两翼便能振作。”

狄仁杰解完梦境，又道：“太宗皇帝栉风沐雨，亲冒矢石，方才平定天下，传于子孙。先帝将二子托付于陛下，陛下现在却要把天下移交给外姓吗？况且，姑侄与母子哪个关系更亲近？陛下立儿子为太子，千秋万岁后可以配享太

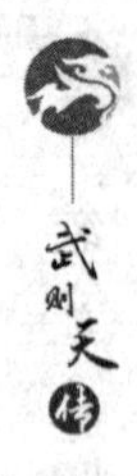



庙。若立侄子，从没听说有姑姑配享宗庙的。”武则天对此很不高兴，道：“这是朕的家事，你不宜干预。”狄仁杰却道：“王者四海为家，天下的事都是陛下家事。君王是元首，臣下为四肢，犹如一个整体，况且臣忝任宰相，怎能不管呢？”

后来，武则天逐渐醒悟。圣历元年（698年），武则天假托李显有病需到洛阳治疗，派遣职方员外郎徐彦伯秘密召回李显。她将李显藏在帐后，然后召见狄仁杰，故意说起庐陵王之事。狄仁杰恳请之情真切，以至哭泣不止。武则天便将李显唤出，对狄仁杰道：“朕现在将皇太子还给你。”狄仁杰叩头跪拜，又道：“太子回朝，却无人知晓，人言纷纷，如何才能让人相信呢？”武则天便先将李显安顿在龙门，然后按礼节迎回宫中。满朝文武、天下百姓无不欢悦。

李旦数次称病不朝，请求将储君之位让于李显。是年九月，武则天复立李显为皇太子。

## 封禅嵩山

武则天革唐为周后，天授二年（691年）春，地官尚书武思文及朝集使二千八百人上表请封禅中岳。四年后，证圣元年（695年），武则天将天地合祭，亲祀于南郊，又给自己加尊号为“天册金轮圣神皇帝”，大赦天下，改元“天册万岁”，重申其代唐为周为天之授意。于是王公群臣、四夷君长，又请她封禅神岳嵩山。三个月后，天册万岁二年（696年）腊月，七十三岁的武则天从神都洛阳出发，前往中岳嵩山封禅。到达嵩山，一切就绪后，为表示对天地神祇的虔诚，武则天进入斋宫沐浴斋戒。壬午，在嵩山之南举行柴燎仪式，祭祀昊天上帝，以显祖立极文穆皇帝、太祖无上孝明高皇帝配享。武则天在左右大臣、四夷酋长的簇拥下登上嵩山，在登封坛上举行了最隆重的祭天仪式。武则天从南面登上登封坛，北向而立，祭拜昊天上帝之后，接着就举行封玉册活动。玉册是用金绳连编玉简制成的，长一尺二寸，

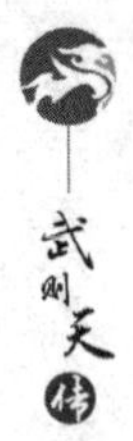



宽一寸二分，厚三分，刻玉填金为字。玉册放在玉匮内。玉匮长一尺三寸，是用方五尺、厚一尺的石头刻成的。用金绳缠绕玉册五周，再用金泥封好，在四角放上十二枚距石，然后埋于登封坛内。最后用五色土封成上面直径一丈二尺，下面径三丈，高九尺的圆形。这样，“登封”的祭祀仪式才算正式完毕。

李峤在《大周降禅碑》中对武则天的封禅仪式作了详细的描述：“甲申，御金跸，登玉舆，环拱百神，导从群后，遂陵柱葶，攀松磴，跨峥嵘而出烟道，排列缺而狃天门。羽节高挥，上干鸟星之次；黾坛下映，俯瞰鹏云之色。琼文秘检，络之以银绳；宝算休期，探之于金策：交大灵于咫尺，受洪厘于亿万。然后徜徉烟霄，怊怅古昔，凝神于九天之上，游目于八纮之表。眷触石之雷雨，爰覃作解之恩；仰斗杓之运行，仍布维新之令。是日大赦，改元为万岁登封元年。欢浹幽明，应霑动植。千龄之统，由圣代而连九皇；万岁之音，自神山而周四海。休气低而翔辇，神光起而属天，抃舞相趋，以降于行殿。”这是迄今为止能够见到的对武则天在大周登封坛祭天的最直接、最详尽的文字记载。

武三思所撰的《大周封祀坛碑》也记载了当时的盛况：“天册万岁二年元月，三界有昭苏之乐，皇恩与和气同泛，帝泽共祥云俱洒。车书正朔，极远而穷幽；文物声明，振天而动地。”

满足了登封神岳的大愿后，心情舒畅的武则天遂下诏大赦天下，改元万岁登封，免除了天下百姓当年的租税，并大酺九日。大周登封坛南有槲树，大赦天下之日曾在其树梢上置金鸡榜。为纪念这次登封活动，取“登嵩山，封中岳，大功告成”之意，武则天改嵩阳县为登封县，阳城县为告成县。武则天禅于少室，己丑，御朝觐坛受贺。下诏内外三品官以上的赐爵二等，四品以下的加官两阶，并免除洛州百姓两年租税，免除登封、告成两县百姓三年租税。癸巳，返回神都洛阳。两个月后，武则天因为封禅日为嵩岳神保佑，又尊神岳天中王为神岳天中皇帝，天灵妃为天中皇后，并加封夏启为齐圣皇帝，封启母神为玉京太后，少室阿姨神为金阙夫人，王子晋为升仙太子，别为立庙。武则天还亲自撰写了《大周升中述志碑》文，由相王李旦书后，刻立于大周登封坛之丙地（东南角）。

此次武则天封禅中岳，突破了泰山为唯一封禅之地的旧制，使嵩山成为中国历史上第二座举行过封禅大典的神岳。更特别的是，此次武则天封中岳神为“神岳天中皇帝”，这在五岳中是头一份，因而确定了其五岳之尊的地位。

武则天选择在嵩山封禅，也有其用意。自从武则天改东都洛阳为神都，洛阳就是武周王朝的政治、经济、文化和军事中心，中岳嵩山是京畿重地。再者，嵩山既有佛教圣地少林寺，又有道家仙观中岳庙，封禅嵩山可以两者兼顾。最后，选择嵩山是为了回避李唐和武周的矛盾。毕竟武则天曾和李治一起封禅泰山，而封禅嵩山能巧妙避开李唐王朝和武周王朝、高宗李治与武则天的关系，回避这些矛盾才有利于统一天下。

## 火烧明堂

薛怀义，唐朝武周时期幸臣。其人身材魁梧，一表人才，得到千金公主（唐高祖女儿）推荐，成为武则天的首任男宠。监修白马寺和明堂有功，册封梁国公。多次担任行军大总管，击退突厥进攻，授左威卫大将军。

这之后不久，薛怀义讨厌入宫陪伴武则天，大多数时间待在白马寺。他鼓励更多的年轻人成为僧人，但他们不在寺庙里念经，而是每天骑着马在洛阳城大街上横冲直撞，搞得行人纷纷躲避。如果行人来不及躲避，便会被打得头破血流。如果看到道士，薛怀义就更生气，总是要把对方抓过来，把他的头发剃光，然后强迫对方当和尚，就算对方是道教里的有才之士也不会放过。候尊是当时一位有名的道士，还是弘首观的观主，结果不小心被薛怀义看到了，被强迫拉进寺庙里当了几年的和尚。直到薛怀义死后，候尊才重新出来当道士。

当时有御史多次弹劾薛怀义为非作歹，薛怀义生气之下就把这个人堵在路上狠狠地打了一顿。随着薛怀义的地位提高，朝中宰相也拿他没办法。御史周矩怀疑薛怀义谋乱，曾几次向武则天奏劾，武则天只是命周矩处置众僧。周矩查问，将诸僧悉数发配远州边地。但是不久后，周矩就被薛怀义诬陷，下狱免官。李昭德在出征突厥期间，以宰相的身份充当薛怀义的幕僚，一言不合，薛怀义挥拳便打，李昭德也只能惶惧求饶。

随着时间推移，武则天身边的男宠越来越多，她开始宠幸一个叫沈南璆的人。薛怀义非常生气，直接不进宫去见武则天，每天就和那些小和尚在白马寺里胡闹。

证圣元年（695年）正月十五，正值上元佳节。这一天，朝廷取消宵禁，家家户户也张灯结彩，尽情狂欢。薛怀义为这一天做了精心准备，他先是安排手下在明堂挖了一个五丈深的大坑，还把佛像埋在坑里，然后装上机关。最后，他安排人用彩绸在坑上修筑了一座宫殿。当武则天来到明堂时，薛怀义指挥手下将佛像从坑底徐徐拉起，一直拉到彩绸修筑的宫殿中，看起来就像佛像从地里涌出来。在这之前，薛怀义还杀了一头牛，用牛血画了二尺高的一个大佛，把这张佛像张挂在天津桥上，然后对武则天说：“这是我割破膝盖，用自己的血画成的。”但武则天只是淡淡一笑，没有理会。

或许是感觉到武则天的冷淡，薛怀义心中充满了愤怒。他在正月十六的夜里火烧明堂，大火借着风势，快速蔓延，很快明堂就成了一片火海。当初修筑明堂的时候，费了千辛万苦，如今却化为灰烬。烈火熊熊，把神都洛阳照耀得如同白昼。这一场大火一直烧至天明，明堂和天堂一起化为灰烬。

没多久，太平公主应武则天之命密遣宫人埋伏在要道上，召薛怀义入瑶光殿。薛怀义赶到时，太平公主在殿上大喝曰：“拿贼！”于是，埋伏的人都起身，将薛怀义的两手捆绑起来。薛怀义欲做困兽之斗，武攸宜用锤子从背后猛击，薛怀义脑裂而死。太平公主命武攸宁用车载其尸还白马寺，毚而焚之，善遣寺中僧众，籍寺产入官。

## 二张兄弟

武周万岁通天二年（697年），在太平公主的举荐下，张昌宗慢慢得到了武则天的宠幸。张昌宗又推荐了哥哥张易之，称其才华过人，还善于炼制药物。于是，二张兄弟都得到了女皇的喜爱。张昌宗兄弟每天衣着华丽，来去皇宫自如。武则天还任命张昌宗为云麾将军，行使左千牛卫中郎将职务，张易之为司卫少卿，赏赐住宅、钱财。没过多久，张昌宗又升至银青光禄大夫，赐给防阁官员担任警卫，并和朝中大臣一起拜见武则天。不仅如此，二张兄弟的家人也加官晋爵。张昌宗进宫不到半个月，就闻名天下。武家的各个兄弟都抢着上门阿谀奉承，称张易之为“五郎”、张昌宗为“六郎”。

古代有关于王子乔的传说，据说这位王子乔擅长吹笙作凤鸣，成仙之后乘着白鹤去了缑山。武则天对此很羡慕。武三思想讨其欢心，说：“我认为六郎十分俊俏，简直不是这世间所有，想来定是王子乔转世。”武则天听后很高兴，就下令造鹤氅并制木鹤，还让张昌宗打扮成王子乔的模样，果然迷倒众人。

每次武则天有聚会，二张兄弟和武家兄弟都会陪同左右，掷骰、赌博、比本领取乐，有时还会嘲笑朝中大臣，即使在众人面前做一些疯狂的事情，也不会感到羞耻、害怕。当时有一些人称张昌宗是周灵王的太子，仙人王子晋投胎，于是武则天又让张昌宗穿上羽衣，打扮得像仙子一样，在宫里来回飞翔，真好像仙人飞天一样。尽管武则天对张昌宗的丑闻早有耳闻，但她还是想办法替其掩饰，令其就在宫中撰写文章，带着李峤、张说、宋之问、富家谟和徐彦伯等四十七人修《三教珠英》。张昌宗为司仆卿，张易之为麟台监，权势显赫。皇太子李显、相王李旦请求封张昌宗为王，武则天不同意，改任他为春官侍郎，封他为邺国公，张易之为恒国公，各赐三百户实封。

武则天曾把南海郡进献的集翠裘赏赐给张昌宗，让他当面穿上，一起玩双陆。这时，狄仁杰进来奏事，武则天就让狄仁杰和张昌宗玩双陆。狄仁杰就座后，武则天问："你们赌什么东西？"狄仁杰回答道："三局两胜，就赌张昌宗身上这件集翠裘。"武则天又问："你用什么东西相抵呢？"狄仁杰指着身上穿的紫袍道："我用这个。"武则天笑道：

“你还不知道，他身上这件集翠裘价钱超过千金呢！你那件可没法和它对等！”狄仁杰道：“我这件袍子，是大臣朝见天子时穿的，高贵无价，而张昌宗这件，只不过是受到宠幸而获得的。两件相对，我还不服气呢！”武则天只得应允。张昌宗因感到羞赧沮丧，气势不振，沉默无语，连连败北，最后只好把集翠裘交给狄仁杰。狄仁杰离去后，将集翠裘送给一个家奴穿上，策马而去。

张易之任控鹤监，张昌宗任秘书监，张昌仪任洛阳令，他们兄弟相互争比奢侈。张易之做了一个大铁笼子，把鹅、鸭放在里边，在笼子中烧炭火，又在一个铜盆内倒入五味汁。鹅、鸭绕着炭火行走，烤得渴了就去喝五味汁，烤得痛了自然会在里面转圈跑，这样不多久表里都烤熟了，毛也会脱落于尽，直到肉被烤得赤烘烘的才死去。张昌宗则把一头活驴拴在一个小屋子里，烘起炭火，再放一盆五味汁，方法与前边所讲的一样。张昌仪在地上钉上四个铁橛子，把狗的四只爪子绑在橛子上，然后放出鹰鹞，让它活吃狗肉，把肉都吃尽了狗还没死。那狗的号叫声极为酸楚，让人再也不忍听下去。有一次张易之路过张昌仪家，很想吃马肠，张昌仪便牵来手下人的乘骑，破开马的肋骨取出肠子，过了很长时间马才死去。

## 内部纷争

武则天年事已高，张易之兄弟独揽朝政大权，邵王李重润和永泰郡主暗地非议，都被判处绞刑。

长安三年（703年），武则天的男宠张易之、张昌宗兄弟多次遭到宰相魏元忠的弹劾，怀恨在心，遂构陷魏元忠私议“太后老矣，不若挟太子为久长”，称其有谋反之意。武则天下令将魏元忠下狱，并决定次日让张氏兄弟与魏元忠在朝堂上当面对质。张说当时正担任凤阁舍人。张昌宗私下对张说威逼利诱，让他指证魏元忠谋反。张说只得应允。

武则天次日召集太子李显、相王李旦及一众宰相，共听张昌宗和魏元忠对证，但始终无法判定魏元忠有罪。张昌宗便请武则天召张说上殿作证。当时，凤阁舍人宋璟、殿中侍御史张廷珪、左史刘知几皆在殿外等候，纷纷以正言规劝张说。张说遂拿定主意，进殿后对武则天直称，张昌宗逼其作伪证。张昌宗气急败坏，反口称张说是魏元忠的同谋。

武则天追问详情，张昌宗道：“伊尹流放商王太甲，周公代成王摄政。张说却称魏元忠是当代伊周，这不是想谋反又是什么？”张说辩解道：“张氏兄弟鄙陋无知，哪里知道伊周的德行。伊周乃是古之贤臣，备受钦仰，陛下任用宰相，不让他们效法伊周，那要效法谁呢？我岂不知附和张昌宗会得到好处吗？但我怕日后魏元忠的冤魂向我索命，故不敢昧心诬陷。”

武则天反认为张说是“反覆小人”，将他和魏元忠一同下狱。过了几天，再次询问张说，张说仍坚称魏元忠无罪。武则天大怒，命宰相与河内王武懿宗共同审理此案。但张说始终不肯诬陷魏元忠。当时，朝议汹汹，纷纷请求开释魏元忠、张说。武则天最终罢免了魏元忠的宰相之职，将他贬为高要县尉。而张说则以“忤旨”论处，被流放到岭南的钦州。

在这之后，张易之等人非常嚣张，骄横跋扈。御史台弹劾禀奏，诏令宗晋卿、李承嘉、桓彦范和袁恕己审查，但是司刑正贾敬言了解武则天心意，禀奏张昌宗强行购买他人货物，罪刑判为赔偿财物。李承嘉、桓彦范对武则天进言说：“张昌宗贪污赃款四百万，应罢免官职。”张昌宗却说：“我对国家有功，不该被罢免。”武则天问宰相如何判处，内史令杨再思说："张昌宗主持炼制药物，陛下吞服十分有效果，很有功劳。"于是，武则天下令释放了他，但将张昌仪、张同休降了职。

后来，武则天长时间生病，居住在迎仙宫，宰相们都不能进去拜见，只有张昌宗等人在她身边。张昌宗害怕武则天死了，不幸的事情就要降临，于是带领同伙们整日干一些违法的事情。

左台御史中丞宋璟多次请求对张昌宗审查拘捕，武则天表面答应，但很快就令宋璟离京审查幽州都督屈突仲翔，改令司刑卿崔神庆查问案情。崔神庆只好禀奏："张昌宗应当宽免。"宋璟坚持禀奏说："张昌宗依照法律应当斩首。"武则天不同意，左拾遗李邕进言说："宋璟的话，是为江山社稷着想，希望批准。"武则天始终不同意。

在这种高压气氛下，朝野臣民迫于酷吏的严刑和女皇的淫威，大都如履薄冰，噤若寒蝉。即使在武周后期，政治环境相对宽松的情况下，那些以复兴李唐为己任的大臣们，也无一敢公开上疏要武则天还政。这种僵局，最终被一个名叫苏安恒的平民打破。

苏安恒十分博学，熟读《周礼》《左传》。尽管他只是一名普通百姓，而且没有任何背景，但是他怀抱着报效大唐

的忠心。

长安元年（701年），苏安恒上《请复位皇太子疏》，在文中表示：武则天年事已高，再处理繁重的国事对身体不好，而太子正值青年，皇上不如禅位给太子，自己则安享晚年。同时将武氏诸王全部降为公侯，将二十多个李姓子孙全部分疆土封王。如果不采取这样的做法，陛下死后，武氏诸王将难以自处。

次年（702年），苏安恒又上《请复位皇太子第二疏》，在文中以激烈言辞指出，武周政权运气越来越不好了，这完全是因为武则天贪恋权力、削弱李氏造成的。武则天牢牢占据皇帝宝座就是鸠占鹊巢，假如继续这样做，没有脸面对唐家宗庙。他劝诫武则天尽快将帝位还给李家，否则，物极则反，器满则倾。武则天看了这一奏疏，既不采纳，也不判罪。

苏安恒两次上书的目的非常明确，就是让武则天禅位，恢复李唐。这两份奏疏震动朝廷，引得朝廷内外议论纷纷。尽管苏安恒人微言轻，但他的言论代表了大多数人的观点，更代言了李唐宗室想要复位的心声。

苏安恒见两次上疏无法让女皇就范，便把矛头指向了张氏兄弟。长安三年（703年），苏安恒借张氏兄弟构陷御

史大夫魏元忠一事，又上《理魏元忠疏》伸张正义，说他们“豺狼其心”。“易之等见其疏，大怒，欲杀之”，多亏众人搭救，苏安恒才逃过此劫。

苏安恒的上疏，虽然没能取得实质效果，但其无畏之举，将李唐旧臣从沉默中唤醒。

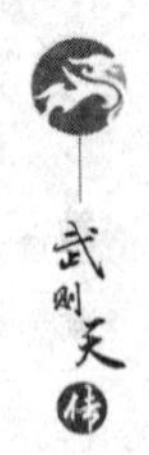



## 神龙政变

武则天晚年每天沉溺于享受生活，十分宠幸张昌宗、张易之两兄弟，少闻朝政。由于武则天的宠幸，二张兄弟慢慢不再满足于当男宠，而开始插手朝廷政事，这引起了武则天母子和大臣的不满，武周政权也因此动荡不安。二张兄弟自恃有女皇的喜爱，骄横跋扈，朝廷官员都十分惧怕，甚至连武则天的侄子们都害怕二张兄弟。

李显的儿子邵王李重润与女儿永泰郡主李仙蕙、妹婿魏王武延基早就不满二张的跋扈行为，暗地里讨论对方的违法行径，结果这件事被二张知道了，他们马上编造了一些谗言告诉武则天。年老的武则天听信此言，还训斥太子李显，严令李显鞫问子女。最后，李显迫于无奈，只好逼儿子和已经怀孕的女儿自尽。后来，二张兄弟又将武延基下狱逼死。李显大为痛心，而且感觉到二张兄弟对政权的威胁。于是，李显联合其他李姓子孙，联合发动政变。

神龙元年（705年），武则天身体抱恙，二张兄弟陪伴左右，其他人不能靠近。趁此机会，朝中大臣张柬之等五人秘密策划着除掉二张的政变。

正月，张柬之、崔玄暐等人秘密召集五百余人来到神都紫微宫北门玄武门，然后派人去东宫迎接李显。当时，李显有点不信，并没有出来。同行迎接的王同皎说："先帝把皇位传给殿下，殿下莫名遭到废黜，天下百姓早就感到不满，如今已经二十三年了。现在朝中大臣同心协力，都希望诛灭无恶不作的小人，重新夺回李氏的江山，希望殿下暂时去到玄武门，给大家鼓鼓士气。"李显回答说："确实应该铲除凶恶的小人，但是母亲身体不好，这样做不会惊扰到她吗？大家还是以后再看吧。"李谌说："在座的各位宰相、将军为了国家都不顾自己的性命，难道殿下非要让他们面临凶恶小人的酷刑吗？还是请殿下亲自去制止吧！"话说到这个份上，李显总算站出来了。

于是，李显随同众人来到玄武门，并由此进入宫中。在集仙殿的走廊碰到二张兄弟，立即将其斩首。一群人闯入宫中，武则天有些吃惊："谁在作乱？"张柬之回答说："张易之、张昌宗密谋造反，臣等已奉太子的命令将他们斩杀，因为害怕走漏消息，所以没向您禀告。在皇宫禁地诛杀逆

贼，惊扰到天子，臣等罪该万死。”

武则天看见李显，便问：“这件事是你做的吗？既然已经诛杀了逆贼，那你可以先回东宫去了。”这时桓彦范上前：“太子怎么能回到东宫里去呢？当初先皇把太子托付给陛下，现在他年龄已经大了，却一直当太子，天下的百姓早就思念李家。朝中大臣也不敢忘怀先皇的恩德，所以尊奉太子之命诛灭了逆贼，希望陛下能将帝位传给太子，这是顺从天下百姓的心愿。”这时武则天发现了人群中李义府的儿子李湛，她说：“你难道也参与了此事吗？我平时对你们父子有恩情，想不到你也参与了今天的行动。”李湛满脸通红，没有回答。

这时，武则天又对崔玄暐说：“其他人都是靠推荐才受到提拔的，只有你是我亲自提拔的，你怎么也会在这里呢？”崔玄暐说：“我这样做就是为了报答陛下的大恩大德。”

随后，一行人逮捕了张昌期、张同休等人，并在神都天津桥的南边将一干人犯枭首示众。而袁恕己随相王李旦统率南牙兵马，将张易之的同党韦承庆、房融及司礼卿崔神庆等逮捕下狱。

不久，武则天颁下制书，决定由太子李显代理国政，大

赦天下。同时任命袁恕己为凤阁侍郎、同平章事，派遣十位使者分别携带天子的玺书前往各州进行安抚。正月二十四，武则天将帝位传给太子李显。

李显复位后，带着朝中百官去观风殿看望武则天，并且此后每隔十天就去一次。随后，又追武则天尊号为“则天大圣皇帝”。武周一朝结束，李唐复辟，百官、旗帜、服色、文字等皆复旧制，复称神都为东都。

武则天去世前，留下一份遗诏：“祔庙、归陵，去帝号，称则天大圣皇后。其王、萧二族及褚遂良、韩瑗、柳奭子孙亲属当时缘累者，咸令复业。”

# 参考文献

[1]林语堂.武则天正传[M].长沙：湖南文艺出版社，2016.

[2]王晓磊.武则天：从三岁到八十二岁[M].南京：江苏凤凰文艺出版社，2015.

[3]蒙曼.武则天：修订版[M].桂林：广西师范大学出版社，2015.

[4]罗元贞.武则天大传[M].北京：中华书局，2018.